Barbier. 12512, par C. Sorel.

v. la bibliothèque française de cet auteur t. 3 p. 402.

Ce qu'il y a de plus remarquable dans cette compilation, où s'y trouve, imprimée depuis 200 ans, la Ruelle mal assortie, qu'on a publié dans notre temps comme une pièce inédite et ~~prétendument~~ dont il ~~existait~~ existait à peine deux copies manuscrites.
— (annotation de M. A. Bazin)

acheté 9 f. sur le quai, après la vente de M. Jérôme Bignon, et donné au r. 1352 par les ordres de M. † en janvier 1849. —

M. A. Bazin en X.bre 1852, lors de sa vente

Z. 2179.
C.

(Par Charles Sorel
d'après Barbier.)

Ⓒ

Réserve

Cat. de Myon 11656
Double à vendre

2825

NOUVEAU RECUEIL DES PIECES
LES PLUS AGREABLES
de ce temps.

EN SUITE DES JEUX de l'Inconnû, & de la Maison des Ieux.

A PARIS,

Chez NICOLAS DE SERCY, au Palais, en la Galerie Dauphine, à la Bonne-Foy couronnée.

M. DC. XLIIII.

AVEC PRIVILEGE DV ROY.

PREFACE.

Avant que de faire des bouquets l'on a des amas de fleurs preparez; Et le Peintre a diverses couleurs sur sa palette auant que de commencer vn portraict; Ainsi l'on tient qu'il faut auoir des matieres toutes prestes pour les employer à toutes occasions auparauant que de se donner la hardiesse de tenir sa partie dans vne conuersation de gens adroits & polis, specialement s'il semble que l'on y fasse quelque assaut de reputation sur des propositions diferentes, & que l'on s'y plaise à

PREFACE.

ces jeux agreables, où la pluspart du temps l'esprit agit plus que le corps : Mais pour y reüssir heureusement, il faut auoir vne grande connoissance de toute sorte de liures & de sujets, & vne parfaite routine du Monde, si ce n'est que l'on trouue vn guide pour vous y mettre à moitié chemin, & l'on doit auoüer que les Ieux de l'Inconnû, la Maison des Ieux, & autres semblables ouurages y donnẽt vn grand secours, tellement qu'il est vtile d'en suiure la methode & les ordres dans ce Liure cy, qui peut y seruir de suitte : Toutefois ce ne sera pas seulement des fleurs ou des couleurs apprestees, mais des bouquets & des portraicts tous faits pour s'en seruir dans

PREFACE.

l'occasion, ou pour apprendre à en faire de semblables; Et afin que l'on n'ignore pas comment il s'y faut prendre, l'on sera auerty en ce lieu premierement, que le Ieu du Galãd, & quelques autres seblables que l'on a reseruez pour vn autre endroit sont des Ieux formez, tels que l'on les peut pratiquer; & quant aux Loix de la Galanterie qui sont par articles, l'on les peut aussi reduire en Ieu, puis que dans vne compagnie ayant esté arresté que chacun inuentera vne loy, l'on en peut proposer de semblables que celles qui sont icy. L'on peut faire encore des Ieux de Gazettes & de Nouuelles, donnant à l'vn Naples, à l'autre Rome, à l'autre Venise,

PREFACE.

& ainsi des autres Villes, & obligeant chacun de feindre des Nouuelles telles que l'on les peut attendre de ces lieux-là, soit en raillerie, ou serieusement, & auec verité. Ce Ieu des Nouuelles de la Gazette, a esté proposé dans le second Liure de la seconde iournee de la Maison des Ieux, auec les Ieux des Lettres ouuertes, des Nouuelles de la place du Change, des Nouuelles du Four, & de la Riuiere, & des Nouuelles de la Bassecourt. Quant aux Relations telles que du Siege de Beauté, & de Pectus, cela peut passer pour vne punition que l'on a donnee à quelqu'vn d'inuenter quelque Nouuelle extraordinaire vn peu longue; Il en sera de

PREFACE

mesme des Narrations comme des Amours de Venus, & de ceux de Vertumne, & des Lettres & autres Discours pareillement. Quant aux Dialogues ils seruiront pour donner l'exemple de deux personnes à qui l'on ordonneroit de s'entretenir deuant la compagnie sur quelque semblable sujet choisi expres. Nous voyons par ce moyen que tout ce qui est icy n'est que Ieux, soit que l'on les reçoiue pour estre propres à estre pratiquez, ou qu'ils obtiennent ce nom par leur gayeté agreable, qui peut plaire à beaucoup de gens quand l'on ne feroit que les lire. L'on les a recueillis de diuers endroits pour diuertir dauantage par leur varieté, &

PREFACE.

si leurs Auteurs se vouloient fascher de ce que l'on les auroit mises au iour à leur desceu, l'on leur pourroit respondre qu'ils se deuroient plustost resioüir de voir leurs ouurages imprimez, sans qu'ils en ayent eu la peine & le soin, outre qu'ils en auoient desia donné plusieurs copies qui estoient plus deffigurees que l'on ne les void icy; Au reste il n'y sçauroit auoir d'autres mal contens de cette publication, puis qu'il y a icy plus de Comique que de Satirique; si ce n'est peut-estre que le Sire Vulcan voulust faire informer de ce que l'on a dit les veritez de sa femme; mais elles estoient si publiques dés auparauant, & l'honneur dont les au-

PREFACE

tres font cas, donne si peu d'inquietude à sa chere Venus, qu'elle n'en demandera point de reparation.

TABLE DES PIECES CONTENVES en ce Volume.

Les Loix de la Galanterie, p. 1
Le Jeu du Galand, 489
La Ruelle mal assortie, ou entretiens amoureux d'vne Dame Eloquente auec vn Caualier Gascon plus beau de corps que d'esprit, & qui a autant d'ignorance comme elle a de sçauoir; Dialogue vulgairement appellé la Ruelle de la R. M. ++ 95
Discours de l'Ennemy d'Amour

la Reine Margot.

& des Femmes, 120
Responſe à l'Ennemy d'Amour & des Femmes, 155
La Diſpute du Luth & de la Guitarre, & Preface du Muſicien, 170
La Gazette, 184
Nouuelles de diuers païs apportees par vn Courrier ſçauant & veritable, 207
Relation extraordinaire venuë du Royaume de Cypre, contenant le veritable recit du Siege de Beauté, & les eſtranges faits d'armes executez en cette entrepriſe par Dom Gynophile Prince de Paphos, General des armees de Cytheree, 228

Lettre d'un Chevalier Gaulois à d'autres Chevaliers de haut lignage & de grande prouësse, qui alloient cherchant les avantures par le Monde, 242

Autre Lettre, au tres-gentil, tres-preux, & tres-noble Chevalier de l'Isle invisible, le Chevalier Inconnu, Mande, Salut, &c. 254

La Gazette Heteroclite, 260

Recit memorable du Siege de la ville de Pectus par le Prince Rhuma, 281

Les Amours de Venus, tirez de la grande Chronique des Dieux de l'antiquité. 269

Relation Grotesque, Burlesque,

Comique & Maccoronique des Amours & transformations de Vertumne pour la belle Pomone Nimphe Neustrienne, auec leur Genealogie; & la mort pitoyable de ce pauure pendu d'Iphis, miserable Amãt de la cruelle Anaxarete: le tout fidellement extraict des Metamorphoses reformees, 361

Dialogue de la Bouche & des Yeux, 373

Discours Academique contre la Melancholie, 489

Extraict du Priuilege du Roy.

PAr Lettres Patentes du Roy donnees à Paris le 2. Iuin 1642. Signees, Par le Roy en son Conseil, Renoüard, & seellees du grand seau en cire iaune: Il est permis à Nicolas de Sercy Marchand Libraire à Paris, d'imprimer ou faire imprimer vn liure intitulé, *Nouueau Recueil des pieces les plus agreables de ce temps, ou troisiesme partie de la Maison des Ieux*, où il se raconte plusieurs Histoires, tant Françoises qu'Estrangeres, par maniere de Ieu & d'honeste diuertissement, en tels volumes & caracteres que bon luy semblera, & ce durant le temps de sept ans; Et defenses sont faites à tous autres de l'imprimer ou faire imprimer, à peine de trois mil liures d'amende, à compter du iour que chasque volume sera acheué d'imprimer.

Acheué d'imprimer le 15. Ianvier 1644.

LES LOIX DE LA GALANTERIE.

I.

NOVS Maiſtres ſouuerains de la Galanterie eſtans aſſemblez, ſelon noſtre couſtume pour la publication de nos loix, qui'eſt quelquefois renouuellee plus ſouuent que tous les iours, Auons arreſté qu'aucune autre Nation que la Françoiſe ne ſe doit attribuer l'hōneut d'en observer excellemment les preceptes, & que c'est dans Paris ville capitale en toutes façons qu'il en faut chercher la source. Les esprits Prouinciaux n'auront point aussi l'air du grãd Monde sans y auoir fait leur cours en propreté, ciuilité, politesse, eloquence, adresse, accortise, prudence mondaine, & s'estre acquis toutes les autres habitudes dont la vraye Galanterie se compose; Encore auec tout cela ne pourront-ils pas exercer nostre Art illustre dans leurs villes esloignees, pource qu'il n'a cours veritablement que dans Paris ville incomparable ou sans pair, de laquelle lors que les vrais Galands sont esloignez, ils se trouueront cõme les grands poissons de la mer dans vne petite mare où ils ne peuuẽt nager faute d'eau, si bien que celuy qui porte cette dignité ne s'esloignera que le moins qu'il luy sera possible d'vn lieu qui est son vray Element.

II.

Nous n'entendons point qu'aucun soit si hardy de pretendre en Galanterie, s'il ne vient d'vne race fort releuee en noblesse & en honneurs, & s'il n'a l'esprit excellent, ou s'il n'a beaucoup de richesses qui brillent aux yeux du Monde pour l'esblouyr & l'empescher de voir ses defaux; Neantmoins cela n'empeschera pas qu'il n'y ait des galands de diuers estages, comme il y en peut auoir de differentes conditions, lesquels tant qu'ils seront en cet estat se deuront pourtant contenter d'vne gloire basse & obscure parmy des gens de leur sorte; car il ne se faut point imaginer qu'il y ait aucun moyen de paraistre veritablement, sans estre logé dans des Palais somptueux, sans estre superbement vestu, & suiuy de quantité de valets, & mesme sans estre nommé de quelque haut tiltre, soit de dignité, soit de seigneurie.

III.

La Noblesse s'estant attribué principalement cette prerogatiue de s'eleuer au dessus des autres hômes, il n'y a point de doute que la galanterie luy sied mieux qu'à qui que ce soit, principalement lors qu'elle s'est conseruee de temps immemorial par l'exercice des armes, de sorte que les enfans des hommes de robbe & des riches financiers, n'ont point tant de grace à faire les galands, & ce leur est vne vertu moins naturelle; Neantmoins quelque antiquité de race qu'ayent les Seigneurs & Gentilshommes, s'ils n'ont beaucoup de bien auec cela, leur galanterie sera fort basse, pource que leur condition *de la Galanterie.*

les obligeant à faire plus de despense qu'en toutes les autres, & n'estans pas instruits à faire valoir leur bien par le trafic, le prest d'argent, ou les partis & autres moyens qui ne sont pas honestes pour eux, plusieurs d'entr'eux seront sujets à tomber dans l'indigence, & n'auoir pas les choses necessaires à la vie, tant s'en faut qu'ils ayent ce qui ne doit seruir que de parade & d'ornement : Mais nous y auons mis vn bon ordre en les auertissant d'emprunter de tous costez, & d'appuyer leur credit par tous les artifices imaginables, les asseurant que c'est vne des marques de Noblesse d'en faire ainsi, & que s'ils ne sont point Ministres d'Estat ny Generaux d'armee, ils ne laisseront pas d'auoir quantité de gens à leur leuer qui formeront vne grosse Cour, dont il y en aura mesme qui leur presteront de nouueau, soit argent, soit marchandise, quelquefois en aussi grand nōbre qu'auparauant, pour les obliger par cette bonté à leur donner satisfaction des premieres debtes. Que s'il leur arriue de se battre en duel, ou de se treuuer en vne bataille & en vn assaut de ville, ils seront asseurez qu'il y aura force gents qui prieront Dieu continuellement pour leur conseruation.

IV.

Il faut que chacun sçache que le parfaict Courtisan qu'vn Italien a voulu descrire, & l'Honeste Homme, que l'on nous a dépeint en François, ne sont autre chose qu'vn vray Galand, tellement que toutes les bonnes qualitez que l'on a souhaittees à d'autres separement, doiuent estre toutes reünies en luy, mais outre cela il doit auoir la somptuosité, la magnificence, & la liberalité en vn degré souuerain, & pour y fournir il doit auoir vn grand reuenu. Que s'il y a eu des Philosophes qui mettant la Richesse entre les biens externes, ont dit qu'elle n'étoit point necessaire à rédre l'homme vertueux ny heureux, nous leur soustiendrons que ce sont des Pedans & melancholiques qui ne sçauent en quoy consiste le bien de la vie, & mesmes qui meriteroient d'estre punis pour ne pas suiure leur grand Maistre Aristote, qui nomme la beauté du corps, la bonne fortune & la richesse entre les choses necessaires à la felicité. Nous enseignons à tous ceux qui voudront obseruer nos Ordonnances de faire ainsi leur profit des bons liures, lors qu'ils seront conformes à nos opinions, & de corriger ceux qui en seront trop esloignez. Ils souffri-

A iiij

ront bien que l'on les appelle parfaits Courtisans, ou honestes hommes, & gens qui sçauent bien ce que c'est des bonnes mœurs & des reigles de la vie, pourueu que l'on entende que cela est ordonné selon leur Moralle particuliere; & si l'on les appelle Hómes du Módo, l'on sçait bien de vray que tous les autres hómes sont du Monde comme eux, mais l'on voudra dire qu'ils sont du grand Monde, qui est celui dont l'on doit faire estat.

V.

S'il arriue qu'vn homme qui ait l'esprit propre à la galanterie, n'ait pas neantmoins assez d'argent pour y fournir plusieurs annees, nous luy permettons de manger tout son bien en vn an, si le cas y eschet, plustost que de laisser eschapper aucune occasion de parestre: Il suffira qu'il se roserue l'esperance comme Alexandre le Grand, qui a esté vn Prince des plus galands que l'antiquité ait produit. Quelquefois il arriue des successions ou des donations lors que l'on n'y pensoit pas. Vne vefue pecunieuse peut espouser celui qui n'est riche qu'en bonne mine, & en faisant sa Cour auec assiduité aupres des plus grands, l'on obtient d'eux des emplois & des pensions qui remettent vn homme dans le haut lustre; & s'il ne s'estoit point hazardé de parestre tout le plus qu'il pouuoit, il n'y fust pas paruenu, estant tenu pour vn homme mesquin & de peu de consideration.

Il y a vne adresse fort loüable pour ceux qui ne sont pas capables de faire d'eux mesmes tout ce qu'ils desireroient; C'est de se ioindre de compagnie à ceux qui ont dequoy faire vne grande despense, & les y engager insensiblement, mais d'vne telle sorte que l'on croye que ce soit eux qui la fassent. Ainsi quelques-vns donneront des inuentions de ballet, & feront faire d'autres parties à leurs associez dont ils auront l'honneur, pource qu'ils s'entremettrót de tout, & que les autres ne seront pas assez effrontez pour aller publier que c'est leur bourse qui fournit à l'appointement.

VII.

Lors que la Mode a voulu que les Seigneurs & hommes de condition allassent à cheual par Paris, il estoit honeste d'y estre en bas de soye sur vne housse de velours, & entouré de pages & de laquais. L'on faisoit alors mieux voir sa taille & ses beaux habits, & son adresse à manier vn che ual : Mais maintenant veu que les crottes s'augmentent tous les iours dans cette grande ville auec vn embarraz ineuitable, nous ne trouuons plus à propos que nos Galands de la haute volee soient en cet equipage, & aillent autrement qu'en carrosse, où ils seront plus en repos, & moins en peril de se blesser ou de se gaster, y pouuant aller en bas de soye, ou bottez, puis que la mode est venuë d'estre botté si l'on veut six mois durant sans monter à cheual. Nous sçauons qu'autrefois pour parler d'vn qui paroissoit dans le Monde, soit financier ou autre, l'on disoit de luy, *il ne va plus qu'en housse*; mais maintenant cela n'est plus guere propre qu'aux Medecins, ou à ceux qui ne sont pas des plus releuez: De quelque côdition que soit vn galâd, nous luy enioignôs d'auoir vn carrosse s'il en a le moyen, d'autant que lors que l'on parle auiourd'huy de quelqu'vn qui frequente les bonnes compagnies, l'on demande incontinent, *a-t'il carrosse*; & si l'on respond que oüy, l'on en fait beaucoup plus d'estime : C'est aussi vne chose tres-vtile à vn homme qui veut estre dans la bonne reputation, d'entretenir vn carrosse, voire deux, quand ce ne seroit que pour faire plaisir à quelques Dames qui n'en ont point, & leur en prester quelquefois pour leurs promenades & leurs visites, ce qui les oblige de telle sorte que l'on est apres beaucoup mieux venu chez elles, & entre les bonnes qualitez d'vn homme, l'on ne manque pas de dire tousiours d'abord, *il a bon carrosse*, ce qui vous met incontinent dãs l'honneur & la reputation.

de la Galanterie.

VIII.

Si les galands du plus bas estage veulent visiter les Dames de condition, ils remarqueront qu'il n'y a rien de si laid que d'entrer chez elles auec des bottes ou des souliers crottez, specialement s'ils en sôt logez fort loin ; car quelle aparence y a-t'il qu'en cet estat ils aillent marcher sur vn tapis de pied, & s'asseoir sur vn faut-œil de velours ? C'est aussi vne chose infame de s'estre coulé de son pied d'vn bout de la ville à l'autre, quand mesme l'on auroit changé de souliers à la porte, pource que cela vous accuse de quelque pauureté, qui n'est pas moins vn vice auiourd'huy en France que chez les Chinois, où l'on croid que les pauures soient maudits des Dieux à cause qu'ils ne prosperent point. Quiconque vous soyez donc qui vous trouuez dans la necessité, vous sçaurez que pour cacher voſtre defaut, il faut vous lier d'amitié auec quelqu'vn qui ait carroſſe, & qui vo⁹ charrie en beaucoup de lieux où vous aurez affaire, à la charge que vous lui cederez par tout, & que vous ſerez ſon flatteur eternel, ou bien il faudra au moins aller à cheual, non pas auec des houſſes de cuir pour garder vos bottes, car cela ſent ſon ſolliciteur de procez, mais auec vne houſſe de ſerge griſe, ou de quelqu'autre couleur, ou bien pour monſtrer que cela ſe ſe fait à l'improuiſte, vous vous ſeruirez d'vne caſaque de laquais. Vous pouuez auſſi pour le plus ſeur vous faire porter en chaize, derniere & nouuelle commodité ſi vtile, qu'ayāt eſté enfermé là dedans ſans ſe gaſter le long des chemins, l'on peut dire que l'on en ſort auſſi propre que ſi l'on ſortoit de la boiſte d'vn enchanteur, & comme elles font de loüage, l'on n'en fait la defpenfe que quand l'on veut, au lieu qu'vn cheual mange iour & nuict.

IX.

Ne vous imaginez pas qu'ayant placé le Galand dans fon carroffe, fur fon cheual, ou dans fa chaize, nous l'ayons par ce moyen equippé de toutes pieces. Cela s'eft coulé icy apres auoir parlé en general de fa defpenfe, d'autant que cela eft fort neceffaire. Or l'ayant conduit par la ville, il le faut voir en l'eftat qu'il doit eftre pour entrer dans les maifons de qualité, fi bien que noftre ordre eft affez raifonnable; Et pour parler premierement de ce qui concerne la perfonne, l'on peut aller quelquefois chez les Baigneurs pour auoir le corps net, & tous les iours l'on prendra la peine de fe lauer les mains auec le pain d'amendo. Il faut aussi se faire lauer le visage presque aussi souuent, & se faire razer le poil des ioües, & quelquefois se faire lauer la teste, ou la desseicher auec de bonnes poudres, car si l'on a tant de soin de faire nettoyer des habits, & mesme de tenir des chambres nettes, & tous les meubles d'vne maison, à plus forte raison se doit-on soucier de son propre corps. Vous aurez vn valet de chambre instruit à ce mestier, ou bien vous vous seruirez d'vn Barbier qui n'ait autre fonction, & non pas de ceux qui pensent les playes & les vlceres, & qui sentent tousiours le puz ou l'vnguent. Outre l'incommodité que vous en receuez, il y a danger mesme que venant de penser quelque mauuais mal ils ne vous le communiquent; tellement que vous ne les appellerez que quand vous serez malade,

malade, & en ce qui est de vous accómoder le poil, vous aurez recours à leurs competiteurs qui sont Barbiers barbans, quelques defenses & Arrests qu'il y ait eu au contraire. Celui que vous aurez estant tres-propre & tres-adroit, vous frisera les cheueux, ou les laissera enflez, & vous accommodera aussi la barbe selon qu'elle vous siera le mieux, car c'est vn ornement naturel le plus excellent de tous, & dont il faut tenir le plus de compte. Les vns portent les moustaches comme vn traict de soucil, & fort peu au menton, les autres ont vne moustache à coquille. D'vne façon ou d'autre, l'on est tousiours bien, pourueu que l'on reconnoisse que cela n'est point negligé, mais cela est encore plus estimable quand l'on void que cela vous donne plus de grace.

X.

Apres cecy l'on doit auoir esgard à ce qui couure le corps, & qui n'est pas seulement estably pour le cacher & le garder du froid, mais encore pour l'ornement. Il faut auoir le plus beau linge & le plus fin que l'on pourra treuuer. L'on ne sçauroit estre trop curieux de ce qui approche si pres de la personne. Quant aux habits, la grande reigle qu'il y a à donner, c'est d'en changer souuent, & de les auoir tousiours les plus à la mode qu'il se pourra, & nous entendons par les habits tout ce qui sert de principal vestement auec ses despendances qui seruent en quelque partie du corps que ce soit. Il faut prendre pour bons Gaulois & gents de la vieille Cour, ceux qui se tiennent à vne mode qui n'a plus de cours, à cause qu'elle leur semble commode. Il est ridicule de de dire; Ie veux touſiours porter des fraiſes, pource qu'elles me tiennent chaudement; Ie veux auoir vn chapeu à grand bord, d'autant qu'il me garde du Soleil, du vent, & de la pluye; Il me faut des bottes à petites genoüillieres, pource que les grandes m'embaraſſent: C'eſt n'entendre pas qu'il ſe faut captiuer vn peu pour eſtre touſiours bien mis. Ne dit on pas qu'il ne faut pas penſer auoir toutes ſes aiſes en ce Monde? L'on a beau dire qu'il n'eſt rien de ſi inconſtant que le François; Que tantoſt il porte des chapeaux hors d'eſcalade, & tantoſt de bas, tantoſt de grandes baſques, & tatoſt des petites, des chauſſes longues & courtes, & que la deſcription de cette bigearrerie ayant eſté faite par quelqu'vn en ce qui eſt des collets, l'on a dit qu'au lieu que nos peres en portoient de petits tous simples, ou de petites fraizes semblables à celles d'vn veau, nous auons au commencement porté des rotondes de carte forte, sur lesquelles vn collet empesé se tenoit estendu en rond en maniere de theatre, Qu'apres l'on a porté des especes de pignoirs sans empeser, qui s'estendoiét iusqu'au coude; Qu'en suite l'on les a rognez petit à petit pour en faire des collets assez raisonables, & qu'au mesme temps l'on a porté de gros tuyaux godronnez que l'on appelloit encore des fraizes, où il y auoit assez de toille pour les aisles d'vn moulin à vent, & qu'enfin quittant tout cet attirail l'on est venu à porter des collets si petits, qu'il semble que l'on se soit mis vne manchette autour du col; Ce sont de belles pensees que l'on se forme pour exprimer le changement d'vn contraire à l'autre: Mais quoi que cela soit pris pour vne censure de nos coustumes, nous ne deuons pas laisser de garder nostre varieté, comme la plus diuertissante chose de la Nature. Si vn Autheur a dit aussi qu'il se formalise de ce rond de bottes fait comme le chapiteau d'vne torche, dont l'on a tant de peine à conseruer la circunference, qu'il faut marcher en escarquillant les iambes, comme si l'on auoit quelque mal caché, c'est ne pas considerer que des gens qui obseruent ces modes vont à pied le moins qu'ils peuuent. D'ailleurs, quoy qu'il n'y ait guere que cela ait esté escrit, la mode en est desia changée, & ces genoüilleres rondes & estallées ne sont que pour les grosses Bottes, les bottes mignonnes estans aujourd'huy raualleés iusques aux esprons, & n'ayans qu'vn bec rehaussé deuãt & derriere.

B iij

Quant aux canons de linge que l'on estalle au dessus, nous les approuuons bien dans leur simplicité quand ils sont fort larges, & de toille baptiste bien empesee, quoy que l'on ait dit que cela ressembloit à des lanternes de papier, & qu'vne Lingere du Palais s'en seruit ainsi vn soir mettant sa chandelle au milieu pour la garder du vent. Afin de les orner dauantage nous voulons aussi que d'ordinaire il y ait double & triple rang de toille, soit de baptiste, soit de Hollande, & d'ailleurs cela sera encore mieux s'il y peut auoir deux ou trois rangs de poinct de Genes, ce qui accompagnera le jabot qui sera de mesme parure. Vous sçauez que comme le cordon & les esguillettes s'appellent la petite oye, l'on appelle vn jabot l'ouuerture de la chemise sur l'estomach, laquelle il faut tousiours voir auec ses ornemens de dentelle; car il n'appartient qu'à quelque vieil penard d'estre boutonné tout du long. Estans aussi auertis qu'à cause que les hommes ne portent plus maintenant de collets à passement, ou de poinct coupé, plusieurs les ont mis à leur chemise, nous leur defendons ce mesnage qui sent trop sa mesquinerie, pource qu'il faut qu'vn vray Galand n'ait rien qui ne soit neuf & beau, & fait exprés. Pour retourner aux bottes, il les faut auoir à long pied, encore que l'on ait dit qu'il se falloit conformer à la Nature, & garder ses mesures. L'on sçait bien qu'au mesme temps que les logs pieds ont esté mis en vsage, l'on a aussi porté des chapeaux fort hauts & si pointus, qu'vn teston les eust couuers: Neātmoins la mode de ces chapeaux s'est changée soudain en forme platte &

ronde, & les bottes & souliers à long pied sont demeurez, ce qui monstre l'estime que l'on en fait. L'on ficha bien vne fois vn cloud à quelqu'vn dans ce bout de botte, cependant qu'il estoit attentif à quelque entretien, en telle façon qu'il demeura cloüé au plancher, mais tant s'en faut que cela en doiue faire haïr l'vsage; qu'au contraire si le pied eust esté iusqu'au bout de la botte le cloud eust pû le percer de part en part, & voilà à quoy cela seruit à ce Galand. Apres les bottes, si vous songez aux esprós, vous les aurez d'argent massif, & leur ferez changer souuent de façon sans plaindre le coust. Ceux qui serõt en bas de soye n'auront point d'autre bas que d'Angleterre, & leurs jarretieres & nœuds de souliers seront tels que la Mode en aura ordonné, & l'on sera auerty en general que dés aussi-tost qu'il y a quelque nouueauté introduite, il y a de l'honneur à l'obseruer, afin qu'il semble quasi que l'on en soit l'Autheur, & craignant que l'on ne s'imagine que l'on ait seulement le reste des autres. Pour ce sujet il faut auoir soin de faire depescher les tailleurs, car il y en a de si longs, & au contraire il y a des modes qui durent si peu, qu'elles sont passees auāt qu'vn habit soit fait.

XI.

Il y a de certaines petites choses qui coustent peu, & neantmoins parent extrememēt vn homme, faisant connoistre qu'il est entierement dans la galanterie, d'autant que les melancoliques, les vieillards, les serieux, & les personnes peu ciuilisées n'en ont point de mesme. Comme par exemple d'auoir vn beau ruban d'or & d'argent au chapeau, quelque fois entremeſlé de ſoye de quelque belle couleur, & d'auoir auſſi au deuant des chauſſes ſept ou huict des plus beaux rubãs ſatinez, & des couleurs les plus eſclatantes qui ſe voyét: L'on a beau dire que c'eſt faire vne boutique de ſa propre perſonne, & mettre autant de mercerie à l'eſtallage que ſi l'on en vouloit vendre; il faut obſeruer neantmoins ce qui a cours, & pour monſtrer que toutes ces manieres de rubans contribuent beaucoup à faire pareſtre la galanterie d'vn homme, ils ont emporté le nom de Galands par preferance ſur toute autre choſe. Depuis meſme voyant que la pluſpart des Dames au lieu de bracelets de perles, d'ambre, ou de manicles de geaiz, ſe contentent d'entourer leur poignet d'vn ſimple ruban noir, nous auons trouué bon que les ieunes Galands y en portent aussi pour faire parestre leurs mains plus blanches quand ils osteront leurs gands; Nous ne desaprouuons pas non plus l'intention de ceux qui y ont adiousté vn ruban incarnat, les ioignant ensemble, ou s'en seruant separement, à cause que toutes ces deux couleurs s'accordent bien à la blancheur & à la delicatesse de la peau, & en rehaussent l'esclat; Mais defenses tres-expresses sont faites à ceux qui venás desia sur l'âge, ou ayans les mains noires, seiches, ridees, ou veluës, en voudroient faire de mesme, d'autant que cela ne tourneroit qu'à leur confusion & mocquerie. Il sera encore permis à nos Galands de la meilleure mine, de porter des mousches rondes & longues, ou bien l'emplastre noire assez grande sur la temple, ce que l'on appelle l'enseigne du mal de déts; Mais pource que les cheueux la peuuent cacher, plusieurs ayans commencé depuis peu de la porter au dessous de l'os de la iouë, nous y auons trouué beaucoup de bien-seance & d'agreement. Que si les Critiques nous pensent reprocher que c'est imiter les femmes, nous les estonnerons bien lors que nous leur respondrons, que nous ne sçaurions faire autrement que de suiure l'exemple de celles que nous admirons & nous adorons.

XIII.

Nos Galands estans ajustez en la sorte que nous auons figuré, ne tascheront à faire autre chose tout le iour que de se trouuer aux lieux où ils croiront auoir meilleur moyen de se faire voir, & quoi que d'ordinaire ils ayent assez de peine à estre deuots, ils ne laisseront pas de frequenter les Eglises, specialement celles où quelque feste, quelque musique, & quelque Predicateur excellét & nouueau, & la presence de quelque Prince ou Princesse, attirent quantité de gens, & sur tout de ceux qui ne sont pas de petite consideration, & du nombre du vulgaire; Car ce n'est pas deuant ceux là qu'il faut parestre; Et comme c'est aux Dames que l'on desire plaire le plus, ne donnant que de l'enuie aux autres hommes, il faut chercher l'endroit où elles se rangent: Mais pource qu'à dire la verité les trop grands témoignages de galanterie font du scandale dans les Temples consacrez à Dieu, & destinez à l'oraison, l'on doit chercher tous les rendez-vous qui sont hors de là, où le beau Monde se treuue; & les vrais Galands seront curieux de dresser vn Almanach où ils verront en quelle saison l'on va promener à Luxembourg, & en quelle autre aux Tuilleries ; Quand commence le Cours hors la porte S. Antoine, & quand c'est que celuy de la Reyne Mere à la vogue ; Quelle longueur de iour peut permettre de visiter les belles maisons d'autour de Paris, & à quelle heure il faut partir pour toutes ces promenades. Lors que l'hyuer ne permettra plus de sortir de la ville les plus adroits de nostre profession, doiuent sçauoir encore où sont les beaux reduits dans lesquels l'on passe le temps, soit à iouër, soit à deuiser, & ils feront leurs efforts pour y auoir de l'accez ; Ils sçauront aussi les ieux qui auront le plus de cours, comme le nouueau Hoc, & n'ignorerõt pas celuy de l'Hóm, ny le Reuersis & le Picquet, ny le Trictrac, pource qu'il se trouue tousiours quelqu'vn qui veut iouër à l'vn ou à l'autre de ces jeux, & en ce cas il faut adherer non seulement aux Dames, mais à leurs freres, leurs cousins, & autres personnes proches, afin de les gaigner par la complaisance, de telle sorte qu'il faut ioüer auec eux, quand l'on n'aimeroit point le jeu, & quand l'on y seroit malheureux. En ce qui est des longues nuits de cette froide saison, il faudra qu'ils s'informent s'il n'y en a point quelques-vnes que l'on puisse passer au Bal, & d'autant qu'il y a telle nuict que le Bal se donne en vingt endroits de la ville, il faut les sçauoir tous pour aller de l'vn à l'autre, & voir les visages qui s'y trouuent, s'arrestant enfin à celuy où l'on aura plus d'inclination. Cela s'appelle courir le Bal, & quand l'on danse quelque part vn Ballet, il n'y faut pas non plus estre des derniers, & de mesme aux Comedies que les Comediens representent quelque fois aux Maisons particulieres, d'autant que c'est là que se trouuent les plus belles femmes & de plus de condition, & que ce sont des occasions tres fauorables pour se faire voir en son lustre deuant elles, & pour entretenir celles à qui l'on aura voüé ses affections.

XIII.

La necessité que l'on a de sçauoir en quel lieu se font les belles parties où se trouuent les Dames, sont cause que de quelque rang que l'on soit, il est à propos de se familiariser auec quantité de basses gens, dont il faut acquerir la connoissance à raison de leur employ. L'on doit connoistre des violons de toutes les bandes, pour sçauoir en quel lieu se donnera le Bal. Il faut connoistre des Musiciens pour apprendre où se fera quelque concert; Que s'il y en a quelqu'vn qui

qui ait la voix belle pour chânter seul, & si quelqu'autres iouët excellément du luth, de la viole, ou de la guitarre, il faut gagner leur amitié par toute sorte de caresses & de presens, & leur donner exprés à disner ou à souper pour les mener de là chez quelque Dame à qui l'on les voudra faire oüir, sur tout si elle ne les a iamais oüis; & si elle en a grand desir pour le recit que l'on lui en a fait, car vous l'obligerez par ce soin à faire estat de vous, sur la croyance qu'elle aura que vous ne pensez à autre chose qu'à luy plaire. Vous vous efforcerez ainsi de faire voir toutes les nouueautez à celle pour qui vous aurez quelque affection. Vous aurez la connoissáce de quelques Iardiniers qui vous fourniront des premieres fleurs pour luy enuoyer des bouquets, & si elle aime les fruicts, vous tascherez aussi de lui

C

en faire gouster quelques-vns auant la saison ordinaire ; S'il s'imprime quelque Comedie, ou quelque Roman, il faut tascher d'en auoir des fueilles à quelque prix que ce soit, dés auparauāt mesmes que les dernieres soient acheuees, afin de contenter les Dames qui aiment la lecture. Que s'il y a des pieces curieuses qui ne s'impriment point, il faut en auoir la coppie bien escritte, soit que ce soit de mesdisance ou autre sujet, d'autant que l'on oblige vne maistresse luy en faisant la lecture, & l'on se diuertit & s'instruit pareillement.

XIV.

Nous auōs desia permis aux adroits de se seruir de la bourse de leurs associez pour fournir à plusieurs despenses où l'on croira qu'ils auront la meilleure part, & nous leur enioignons aussi de prendre garde à toutes les gentillesses qui se passeront, pour faire que les Dames en soiét auerties, & en ayent le diuertissement; Mais outre cela nous entendons que chacun fasse quelque despense veritable & manifeste pour se mettre en credit, & qu'en cela il mesure au moins ses facultez. Nul ne peut estre dit vray Galant qui de sa vie n'a donné le Bal ni la Musique, & si l'on n'est pas entierement porté à ces recreations, ceux qui n'aiment ny à danser ny à oüir chanter, pour lourdauts qu'ils soient, paroistront assez en donnant vne collation, laquelle sera tousiours bien ordonnee, si l'on préd conseil de quelque illustre Traiteur, & sans qu'il soit besoin de se donner autre peine que de luy ouurir son cabinet pour y prendre ce qui sera necessaire aux frais. Ainsi l'on pourra acquerir de la reputation pour son argent, & cela fera que l'on parlera en bons termes de ceux qui ont fait vne telle despense, les appellant magnifiques. Ceux qui se seront trouuez à ce banquet en estás fort satisfaits en diront der merueilles à tous leurs amis, tellement que cela volera enfin d'vne bouche à l'autre auec beaucoup de loüange. XV.

Il est besoin de vous donner icy des reigles pour le langage, qui est l'instrument de l'ame dont il se faut seruir dans la Societé. Vous parlerez tousiours auec les termes les plus polis que la Cour reçoiue dans son vsage, fuyant ceux qui sont trop pedantesques ou trop anciens, desquels vous n'vserez iamais, si ce n'est par raillerie, d'autant qu'il n'y a qu'au stile Comique & Satyrique qu'il faille vser de ce langage. Au reste s'il y a des mots que l'on ait inuentez depuis peu, & dont les gens du Monde prennent plaisir de se seruir, il en faut faire comme des modes nouuelles des habits, c'est à dire qu'il s'en faut seruir aussi hardiment, quelque bigearrerie que l'on y puisse trouuer, & quoy que les Grammairiens & faiseurs de liures les reprennent. Par exemple en loüant vn homme, il ne faut pas estre si mal-auisé que de dire, *il a de l'esprit*, ce qui sent son vieil Gaulois, il faut dire, *il a esprit*, sans se soucier de ce que l'on vous obiecte que vous oubliez l'article, & que l'on pourroit dire de mesme, *il a folie*, ou *il a prudence*, car il y a des endroits où cela peut auoir meilleure grace qu'en d'autres. En parlant aussi de la naissance de quelqu'vn, l'on doit dire, *il est bien Genteilhomme*, & qui prononce ce mot autrement, ne sçait pas que ceux qui sont veritablement nobles se nomment ainſi eux-meſmes. Vous vous ſeruirez encore des façons de parler que l'on a appriſes de ceux de Languedoc, de Guyenne, ou de Poictou, pource que cela eſt energique, & ſert à abreger le diſcours, comme de dire, *ie l'ay enuoyé à l'Academie pour qu'il s'inſtruiſe, ie luy ay dit d'aller au Louure, ie l'ay ſorty de ſon malheur*, & pluſieurs autres termes leſquels ſont d'autant plus eſtimables qu'ils ſont nouueaux, & que des hommes d'importance s'en ſeruent, de ſorte, que qui parleroit autremét pourroit paſſer pour Bourgeois, & pour vn homme qui ne void pas les honneſtes gens. Il faut bien ſe garder auſſi de dire que l'on a traité quelqu'vn en faquin : il faut dire, *que l'on l'a traicté de faquin*; car à ce peu de mots l'on connoiſt ſi vn hóme ſçait les couſtumes & le langage des Galands & polis, qu'il faut obſeruer si l'on veut estre bien receu parmy eux. Il y a beaucoup d'autres termes que l'on apprendra dans leur conuersation, & dans tous nos discours nous en auōs icy espandu quelques-vns en guise de quelques fleurettes. Quant aux sujets de l'entretien, ce sera premierement sur les loüanges des personnes à qui l'on parle, principallement si ce sont des femmes, car c'est la coustume des honnestes gens de loüer tousiours ce beau sexe. Que si l'on parle à des hōmes de qui l'on attend quelque support dans ses affaires où à qui l'on desire de plaire à cause de leur haute cōdition, il faut tousiours estre dans l'admiration de leur merite, au commencement ou à la fin de l'entretien, & dans les occasions qui se presenteront par le discours. Au reste pour paroistre de bonne compagnie, il faut

C iiij

souuent conter quelque nouuelle agreable; Il faut tascher de sçauoir toutes les intrigues & les amours des personnes les plus remarquables, quels mariages se font, & quelles querelles; Quels bons tours l'on a ioüez depuis peu à des niais qui seruent de ioüet aux autres, & sur tout auoir cette adresse, qu'encore que veritablement l'on soit mesdisant, ceux qui vous escoutent ne se deffient point de vous, & ne s'imaginent pas que vous soyez homme à les aller dechiffrer ailleurs, comme vous faites les autres, d'autant que vous leur aurez rendu trop de ciuilité pour vous auoir en cette estime; & pourtant s'il y a lieu de les ioüer quelque part, ne les espargnez pas, veu qu'il n'y a rien qui fasse tant rechercher vostre conuersation que cette agreable raillerie,

XVI.

Pour regler vostre ciuilité, vous ne manquerez iamais de saluer ceux qui vous saluent auec vne humilité aussi grande que peut estre la leur. Que l'on ne remarque point aussi que vous attendiez qu'vn autre mette la main au chapeau le premier, luy laissât faire la moitié du chemin auât que vous commenciez. Chacun a en haine ceux qui en vsent ainsi, & cela sent ces jeunes Bourgeois venus de bas lieu, & montez iusques aux charges de robbe ou de finance par leurs escus, lesquels se goûuernent de cette sorte enuers ceux qui les cônoissent de longue main, & en acquierent par ce moyen le titre de glorieux & de sots. Quoy que l'on mesprise dans l'ame de certaines gens, il leur faut faire vn bon accueil, afin que tout le reste du mô de vous dône le nom de ciuil & de courtois, ce qui conuient parfaittement bien à la vraye galanterie: Mais gardez neantmoins de faire part de vos ciuilitez à ceux que plusieurs mesestimét, d'autant que cela vous donneroit la reputation d'estimer ceux qui ne le vaudroient pas. Ainsi en entrant ou en sortant d'vne compagnie, vous pouuez saluer tous ceux qui s'y treuuent, s'ils vous semblent tous gens de condition & de merite, Que s'il vous parest du contraire, à peine les regarderez vous, & vos reuerences ne seront employees que vers la personne que vous visitez. Quoy que vous vous soyez, remótrez en vn mesme lieu, & assis pres l'vn de l'autre, à peine les regarderez vous, & s'ils sont assez hardis pour parler, vous serez assez dédaigneux pour ne pas faire semblant de prendre garde à ce qu'ils disent, &

n'y respondant point vous poursuiurez voſtre diſcours, agiſſant de meſme ſorte en toutes choſes que s'ils n'eſtoient point là, ou s'ils n'eſtoiét ny veus ny oüis. Que s'il arriue que ceux auec qui vous vous entretiendrez vous nomment quelquefois quelqu'vn qui vous ſemble eſtre de trop bas aloy pour auoir de l'affinité auec vous, il faut dire auec vn ton meſpriſant, *ie ne connoy point cela*, comme ne ſçachant pas meſme dequoy c'eſt que l'on vous parle, & ſe gardant bien de dire, *ie ne le connoy point*, pource que ce ſeroit encore faire trop d'honneur à yne telle perſonne. Quand il ſera auſſi queſtion de meſpriſer quelqu'vn en ſa preſence, il ſe faudra bien garder de repeter le nom de Monſieur en parlant de luy à quelqu'autre qui ſe trouuera là, comme par exemple, il ne faut pas dire, *n'entendez vous pas ce que Monsieur vous dit?* mais seulement, *n'entendez vous pas ce qu'il dit?* de mesme que si l'on disoit, *ce que celuy là vous dit*, ce qui témoigne vn vray desdain; Et en parlant à de telles gens, il ne faut iamais les appeller simplement, *Monsieur*, mais y adiouster tousiours leur nom. Que si vous arriuez dans vne chābre où ils soient desia placez, vous pouuez hardiment prendre place au dessus d'eux, pour leur monstrer ce que vous estes, & ce qu'ils sont; Et s'ils vous sont venus voir, quoy que vous en reconduisiez d'autres iusques à la ruë, lesquels vous estimez à cause de leurs richesses & de leurs grands offices, quant à eux vous les pouuez laisser aller seuls dés la porte de vostre chambre ou cabinet, sçachant bien qu'ils ne s'esgareront pas. Que si vous vous trouuez en humeur de descendre, que ce soit pluftost pour faire exercice que pour aucun refpect que vous leur vouliez rendre, ainfi que vous leur témoignerez affez; & gardez vous bien de marcher apres eux, mais prenez le deuant, ou tout au moins la main droite, & les quittez en tel lieu qu'il vous plaira, les y furprenant mefme lors qu'ils n'y penferont pas, pour leur monftrer que ce n'eft pas à eux à limiter voftre ceremonie, & que vous ne faites que ce qui vous plaift, fans y eftre obligé. Enfin pratiquant toutes ces ceremonies & grimaffes mondaines où il y a tant de myftere, vous croirez que c'eft ce que l'on doit appeller, *vne noble fierté*, nouuelle vertu de ce fiecle dont l'on parle tant, & dont les anciens Philofophes n'ont iamais eu l'efprit de s'auifer.

XVII.

Nous vous declarons que toutes ces Loix estans generalles, doiuent estre obseruees par to⁹ ceux qui voudront faire profession de galanterie, & qu'il y en a quantité d'autres particulieres appropriees à de certaines personnes, tant pour les esleuer aux honneurs & aux richesses, qu'à l'amour des Dames, & autres parties de nostre souuerain Bien, lesquelles sont côtenuës en des articles secrets, & vous seront communiquees apres quelques mois de probation ; Mais vous serez auertis de ne vous point tellemét arrester ny aux vnes ny aux autres, que vous ne sôgiez tousiours que leur changement est perpetuel, & que vous ne vous prepariez à en receuoir de nouuelles de nostre part quand il nous plaira de vous en donner ; Au reste nous croyons auoir si bien imprimé icy & ailleurs le vray caractere de la Galanterie Françoise, que quand nos seings manuels n'y seroient point aposez, vous pourriez bien remarquer que cela ne peut proceder que de gens qui sont consommez en cette matiere, & qui peuuent seruir de modelle à tous ceux qui voudront suiure nos Loix, puis que nous sommes tousiours des premiers à les obseruer.

Il ne faut pas que les Dames s'estonnent de ce qu'il n'y a eu icy aucune Ordonnnance pour elles, puis que leur Galanterie est autre que celle des hommes, & s'appelle proprement Coquetterie, de laquelle il n'appartient qu'à elles de donner des reigles.

LE IEV
DV
GALAND.

DANS vne agreable compagnie où l'on taschoit à se diuertir par des jeux de conuersation, l'on proposa en question aux Dames quelles couleurs elles aimoient dauantage, & en quel estoit le sujet; Et pource que les couleurs qu'elles affectionnent le plus, ne sont pas tousiours celles dont elles s'habillent,

ou

ou bien dont elles ont des juppes, à cause qu'elles prennent garde auec cela à ce qui conuient bien aux blanches, ou aux brunes, aux blondes, ou aux noires, elles se contentent de porter la couleur qu'elles aiment dauantage en quelque ruban satiné que l'on appelle vn galand qui sert à pendre vn miroir ou vne monstre, ou à quelque gentillesse qui est à la mode, tellement que l'on demandoit à chaque Dame de la trouppe de quelle couleur elle vouloit vn galand, surquoy elles respondirent toutes comme personnes d'esprit, & afin de mieux distinguer leurs respóses, nous les mettrons sous les mesmes noms qui sont dans la Maison des Ieux, pource que l'on y est accoustumé, & que les Dames & les Caualiers qui se trouuerent dans cette Maison de plaisance peurent bien prendre vn

D

semblable diuertissement.

Pour commencer, Vranie dit qu'elle aimoit les Galands de couleur de feu, à cause qu'elle vouloit qu'vn Amant fust tout de feu pour elle.

Artenice choisit vn Galand gris, pource qu'elle disoit que c'estoit la couleur de la cendre, & qu'au contraire d'Olympe elle vouloit que celui qui l'aimeroit ne fist point parétre só amour, & le cachast sous la discretion & la feinte, comme l'on cache le brasier le pl⁹ vif so⁹ des cédres mortes.

Olympe s'arresta à la couleur de Fiammette, qui signifie vne petite flamme, pource qu'elle asseura que c'estoit se tromper de s'imaginer que les hommes fussent capables de ces flammes si viues que l'on dépeignoit par le discours.

Ilis prit le iaune, à cause, disoit-elle, qu'elle ne croyoit point qu'vn Amant fust fort passionné pour elle, s'il n'en deuenoit malade iusqu'à auoir la iaunisse.

Bellinde prit l'orange, d'autant que comme les oranges sont belles au dehors, & aigres au dedans, mais tres-agreables à plusieurs gousts, & tres-salutaires, elle vouloit que les Amans fussent beaux & de bonne mine à l'exterieur, & tinssent quelque compte de l'aiustement de leurs personnes, sans estre neantmoins trop effeminez, & d'vn courage trop lasche & trop doux, & ayans dans l'interieur de l'ame vne certaine aigreur ou seuerité contre le vice, tres-propre à les conduire au chemin de la vertu.

Lydie ayant choisi pour elle le Galand noir, dit que c'estoit autant pour marque de la tristesse qui conuenoit à vne vefue, que pour la modestie qu'elle souhaitoit de garder. Floride dit qu'elle prenoit le rouge, pour marque de la honte qu'elle auoit que l'on l'obligea à parler d'amour sur le choix d'vn simple ruban; Et alors n'y ayant plus que les hommes à parler, estans obligez de debiter aussi leurs imaginations sur les couleurs, Dorilas asseura qu'il ne porteroit iamais de Galand qui ne fust gris, afin que ce fust vn temoignage de sa patience à suporter les peines que sa maistresse lui donnoit; mais Olympe l'interrompit, lui disant qu'il falloit parler sur quelqu'autre couleur, celle-là ayant desia esté prise; mais Ariste lui repliqua qu'à cause que les pensees des hommes deuoient estre differentes de celles des Dames, ils pouuoiét bien raisonner à leur mode sur les mesmes couleurs qu'elles auoient choisies, & que cette diuersité seroit assez agreable. Olympe repliqua que ce jeu pouuoit auoir ces deux formes differentes, mais qu'ayant esté dit que chacun choisiroit sa couleur, il en falloit garder la loy, & qu'aussi bien ne sçauoit-on pourquoy Dorilas tenoit le gris pour le symbole de patience. Afin de m'humilier moy-mesme, dit Dorilas, ie vous puis auoüer que l'on a tousiours creu que la patience estoit bien representée par le gris, à cause que ces animaux qui portent tant de fardeaux si patiemment sont de cette couleur, mais ie puis dire aussi que c'est en consideration de la terre qui est grise, & qui souffre les roües des chariots, les socs des Laboureurs, les besches, & les rasteaux des Iardiniers, & d'ailleurs les gens de trauail se vestent aussi de gris d'ordinaire. Que si ce que ie dy pour cette couleur ne suffit, i'en choisirai encore vne autre. Auparauãt cela dit Floride, quelqu'vn pourroit estre obligé de respódre sur tous les choix que nous auons faits; Et comme cette inuention fut trouuee agreable, Hermogene y estant condamné, dit qu'Vranie n'auoit point de raison de prendre vn Galád de couleur de feu, souhaitant que les Amans fussent de feu pour elle, d'autant qu'elle n'estoit pour eux que de glace; Qu'Artenice qui mettoit tant de cœurs en cendre poüuoit bien prendre le gris; Que la fiammette où la flamme diminuee conuenoit bien à Olympe qui n'auoit elle-mesme qu'vne petite ardeur, non pas pour se la figurer telle à ses Amans; Qu'Isis estoit cruelle de souhaiter d'auoir des amoureux malades, & au teint de iaune pasle; Que Bellinde auec son orangé auoit cherché des pensees bien raffinees & sortables à sa vertu, mais qu'vne au-

tre qu'elle eust cherché la richesse en
ses Amans, de mesme que les orenges sont de la couleur de l'or; Que
Lydie pouuoit garder le noir, pourcé
qu'il luy sieoit bien, & que de mesme le rouge donnoit de la grace &
des attraits à Floride, plustost que de
faire remarquer sa honte.

Apres ce discours d'Hermogene,
les autres hommes ne refusoiét point
de dire chacun leur sentiment sur la
couleur qu'ils choisiroient, mais les
Dames ne s'accorderent pas pour ce
coup à y respondre, craignant qu'ils
n'y meslassent quelque chose de trop
licenzieux, surquoy elles auroient de
la peine à repartir, ou que de quelque
façon que ce fust ils y donnassent
trop de difficulté. Neantmoins ces
Caualiers voulans monstrer aux Dames qu'ils ne leur cedoient point en
adresse d'esprit, & pour le choix des

couleurs & liurees, & qu'ils ne desiroient pas s'exempter des premieres reigles du jeu, ils s'appresterent tous à s'acquiter de cela; & Doriclas commençant, dit, qu'estant obligé de prendre vne couleur nouuelle il choisissoit le bleu, à cause qu'estant vne couleur attribuee au Ciel, elle témoignoit que l'on ne vouloit auoir que des affections celestes, toutes celles de la terre estans passageres, & fort peu estimable au prix.

Hermogene dit là dessus, que puis que Dorilas se mettoit sur la spiritualité, il prendroit la couleur de Minime, qui signifie vne chose tres petite & de peu de consideration, afin de monstrer qu'il desiroit d'acquerir la vertu d'humilité.

Clymante dit qu'estant blessé des traits de l'Amour, il alloit par tout chercher son dictame & son remede, tellement qu'ayant besoin d'auoir l'adresse & la legereté d'vn cerf, pour ce sujet il prenoit le ventre de biche.

Agenor dit qu'estant Magistrat comme il estoit, l'on luy feroit tort si l'on luy empeschoit de prendre l'escarlatte ou le pourpre.

Ariste auoüa apres qu'il aimoit si fort la douceur du Printemps, que c'estoit pour ce sujet qu'il aimoit les violettes, & que de là il s'estoit accoustumé aussi à aimer le violet.

Quelques-vns auoient vn peu hesité à trouuer leur couleur, & Pisandre voyant que c'estoit à son tour de parler, alla dire, ie pense que vous ne me laisserez que la fueille morte que ie n'aime guere, & que ie suis pourtant obligé de prendre faute d'autre; Et ie vous asseureray que si ie l'aime pour quelque chose, c'est d'autant qu'elle symbolise auec mon humeur, qui est maintenant assez triste, pour auoir veu mourir quelque esperance que i'auois.

Il est bien estrange, dit alors Nerarque, qu'il n'y ait eu personne qui ait nommé le vert; L'on me l'a laissé neantmoins fort à propos, d'autant qu'en ce qui est de moy, ie voy naistre mes esperances comme les herbes au Printemps. Cette couleur est si commune, dit Hermogene, que pour l'estre trop l'on y a moins sógé; Cependant puis que les couleurs que nous auons choisies, sont pour des Galands, ie vous auerty qu'il n'y a aucune couleur qui leur soit si propre que le vert; Tesmoin la façon de parler prouerbiale, qui dit, *un Vert-Galand*. Chacun approuua cette application, mais bien que les couleurs qui auoient esté nommees pûssent estre refutees par les femmes ou par les hommes, l'on ne s'y amusa point, à cause que l'on continua d'examiner ce qui se pouuoit faire sur ces manieres de ieux: Car le dessein de la compagnie estoit plustost alors de trouuer tous les ieux que l'on se pouuoit imaginer, que de les exercer la pluspart; & cette occupation leur estoit vn ieu qui contenoit tous les autres. L'on disoit donc entre autres choses qu'au commencement du ieu vn hôme de la compagnie pouuoit contrefaire le Marchand, nommant toutes les couleurs de rubans qu'il auoit, dôt chacun choisiroit la sienne, & seroit apres obligé d'en parler. L'on proposa encore de donner à chacun vn Galand de quelque couleur pour present, afin que l'on ne fist point le choix de sa liuree, & que l'on eust plus de peine à dire quelque chose sur cela.

Apres comme les discours se ioi-gnent les vns aux autres insensiblement, l'on vint à parler des Galands effectifs, que l'on préd pour des hommes du monde qui sont polis, adroits, aiustez & amoureux, & l'on proposa plusieurs ieux sur ce suiet, comme de dire chacun les qualitez que l'on leur souhaittoit. De là il y eut quelqu'vn qui s'informa de l'origine de ce nom de Galand, & qui dit par raillerie que l'on disoit, *se galer, estre galeux, se promener dans vne galerie, & estre Galand*; mais qu'il n'y auoit pas d'apparence neátmoins que tous ces mots eussent du rapport les vns aux autres, & vne pareille etimologie. Que l'on ne feigne point de l'auoüer, dit Ariste, ie croy qu'il en est quelque chose, & qu'ayant veu vn galeux à qui la peau demange, se frotter, se gratter, se desmener, & en vn mot se galer, l'on a appellé aussi des Galands de ieunes marjolets, qui de verité ont de terribles demengeaisons; & qui ayant tousiours l'esprit inquiet se démenent plus, & font plus de simagrees qu'vn grateleux; Et pource que aux vns & aux autres, il faut de l'espace pour leur agitation, les lieux propres à cela ont esté appellez des Galeries. Vous traictez mal ceux dót on fait auiourd'huy tant d'estat, repartit Hermogene, croyons plustost que l'origine du nom de Galand viét de *Gallus*, & de *Gallia*, pource que la Galanterie est propre principalemét aux François & à la France. C'est là vne application, dit Ariste, & non pas vne derivaison veritable & certaine. Et comme il en vouloit parler dauátage pour soustenir sa premiere proposition, Agenor dit que pour humilier l'orgueil du monde, il n'y auoit point de danger de faire connoistre que mesme les noms que l'on donnoit aux choses que la vanité estimoit le plus, estoient pris de choses basses, ridicules ou falles: Mais cette consideration estant trop moralle pour la saison, l'on changea bien tost d'entretien, & suiuant les premiers desseins l'ō proposa encore plusieurs jeux, dont les vns furent executez, & l'on donna au moins des preceptes pour les autres.

Ainsi cette agreable compagnie passoit le temps, & l'on verra en ce lieu plusieurs fragmens de leurs entretiens, lesquels l'on à arrangez nuëment & simplement, sans parler de ceux qui les ont recitez, ny du sujet qui leur en auoit esté donné auparauant, & des iugemens que l'on en a fait apres, pource que l'on a affecté icy vne plus grande briefueté. Vous verrez donc des Gazettes & nouuelles où chacun a dit la sienne, & des Dialogues recitez par quelques personnes qui les sçauoiét par cœur; comme par exemple celuy du Caualier Gascon & d'Vranie fut representé par Dorilas & Bellinde, car Dorilas contrefaisoit le Gascon à merueilles, & Bellinde s'accorda à contrefaire la Dame amoureuse, pourueu que l'on exceptast les baisers & autres douceurs, voulant que l'on se contétast du recit, sans qu'aucune action au moins trop licécieuse y fut iointe: Toutefois Dorilas ne s'en contentoit guere, disant que c'estoit là vne Comedie imparfaite. Qu'on prit beaucoup de plaisir à entendre leurs discours qui estoient tres-naïfs, & qui ont esté faits, à ce que l'on croid, pour quelque Dame d'autorité, qui auoit vn Galand & fauory; mais ce-

cela peut aussi bien estre attribué à vne autre sans la scandaliser. Il suffit que l'on se represente vne Dame sçauante, & vn Amant dont l'esprit luy soit fort disproportionné, mais dont elle ayme neantmoins aueuglement le visage & le corps, à cause de leur beauté exellente. Vn tel rencontre se peut faire en plusieurs lieux.

LA RVELLE

LA RUELLE MAL ASSORTIE.

OU ENTRETIENS AMOUREUX d'une Dame Eloquente.

(la Reine marguerite)

Auec vn Caualier Gascon, plus beau de corps que d'esprit, & qui a autant d'ignorance comme elle a de sçauoir.

(on dit que c'est Bussy d'Amboise)

VRANIE.

A Dieu vous gard, beau Soleil, Que veut dire qu'aujourd'huy plus tard qu'à l'acoutumée vous ayez esclairé mes yeux?

LE CAVALIER GASCON.

Ie ne sais.

E

VRANIE.

Comment ie ne sçay? vos desirs, vos souhaits, & toutes vos actions ne tendent-elles pas à me plaire, & ne sçauez vous point qu'absente de vous, ie suis en de perpetuelles tenebres, & en atente continuelle que vous me rameniez le iour?

LE CAVALIER GASCON.

Ie biens quand bous me mandez benir.

VRANIE.

Et si ie ne vous enuoyois iamais querir vous ne viendriez dóc point, & me laisseriez consommer parmy mes ennemis; Ie vous aprens qu'vn vray amant doit estre toujours en impatience, bruslant de desir de voir la chose aimee, & n'atendre point de message, de semonce, ny d'heure comme vous.

LE CAVALIER GASCON.

Ie suis captif, & ne despens que de bos bolontez.

VRANIE.

Vous apelez donc captiuité ma prison au lieu d'vn Paradis de delices, & trouuez vne grande contrainte de dépendre de mes volontez. Ie veux desormais estre vn peu plus rigoureuse si ie puis, afin que vous sçachiez quel il fait quand ie suis en mauuaise humeur.

LE CAVALIER GASCON.

Ie prendray patience en mon tourmant.

VRANIE.

O Dieu! quelle Responce! mais laissons ce discours. Vous estes aujourd'huy trop beau pour se mettre en colere contre vous; Que vos cheueux sont bien frisez, & que vostre rabat est bien mis!

LE CAVALIER GASCON.
Bous me défrisez & mauatez toute ma routonde.

VRANIE.
Elle en sera mieux toute la iournee, puis que ces belles mains ont passé pardessus; Mais parlons vn petit, n'auriez vous point quelque nouueau dessein? ces Dames sur qui vous tournez si souuent les yeux, vous auroient elles point donné dás la veuë? Respondez; ie sçay bien ce que peut vn nouuel obiect sur vne ame inconstante.

LE CAVALIER GASCON.
Ce sont toujours de bos oupinions.

VRANIE.
Mais il le faut sçauoir; En vain auriez vous pris auiourd'huy cette bonne mine; il est croyable que vous auez quelque nouuel Oracle à consulter.

LE CAVALIER GASCON.
Cela, moy, rien nullement quelconque.

VRANIE.
Mais dites sans mentir, petit rusé,
Qui deuez vous voir auiourd'huy.

LE CAVALIER GASCON.
Ie ne pense à boir que bous.

VRANIE.
Qui moy? Ie vous ay donc semblé plus belle qu'à l'acoutumee; Cà, mon miroir, qu'en dites-vous? certes il me témoigne qu'il en est quelque chose, encor que ma perruque soit toute défrisee, & mon rabat bien noir, que vous en semble, n'ay-ie pas dequoy donner de la passion à vn honeste homme?

LE CAVALIER GASCON.
Bous me semblez la velle Benus.

VRANIE.
Et vous me semblez son petit Ado-

ni bien plus doüillet & cofferé qu'il
n'eſtoit, mais bien moins amoureux
que luy, qu'en eſt-il? dois-je croire
que vous m'aimiez, & que les de-
monſtrations que vous en faites
ſoient à mon ocaſion, ou bien pour
l'amour de vous-meſmes? car les
ieunes gens de ce temps ont beaucoup de conſiderations en leurs deſ-
ſeins, & cette douce Philaftrie a vn
grand pouuoir ſur leur ame.

LE CAVALIER GASCON.

Que veut dire Filafterie?

VRANIE.

Ce ſont des mots dont on ne déjeu-
ne point en voſtre pays, demandez
le à ces ſottes que vous aymez ſi fort,
Ie croy qu'elles vous l'interprete-
ront promptement, mais mon pe-
ton, quand ie vous regarde ie vous
trouue fort bien veſtu, & faut dire
qu'à la verité ces couleurs claires do-

nent vn grand luftre au vifage, & les bas d'atache agencent fort vne belle taille.

LE CAVALIER GASCON.
Ils contraignent vien en recompenfes.

VRANIE.
Hô ie voy bien que c'eft, vous voudriez que ie vous laiffaffe porter des vanitez pour eftre à voftre aife; Il n'en fera pas ainfi, il vous faut des bas entiers, vne fraize, vne plume, vne efpée, & fçauoir parler, fi vous voulez reffembler vn homme.

LE CAVALIER GASCON.
Il m'eft vien abis que ie fuis fait comme vn homme.

VRANIE.
Vous vous imaginez d'en reffembler vn quand perfonne ne vous y contredit ; mais confiderez vous bien, Quand vous ne dites mot, qui

E iiij

est le plus souuent, & vous verrez combien il y a de diference entre vous & vne statuë.

LE CAVALIER GASCON.
I'en bois vien d'autres qui ne parlent point.

VRANIE.
Ainsi voit-on faire quelques oyseaux & quelques perroquets, qui ne voulant pas parler donnent plus d'enuie de les entendre: Plus la chose est rare plus elle est desiree, mesmement de moy qui suis enfin de l'humeur des bellettes & des coulombes, & qui prens plaisir comme elles à faire l'amour du bec.

LE CAVALIER GASCON.
Non pas tousiours non.

VRANIE.
C'est donc pour satisfaire à vos brutaux desirs, & pour complaire au corps de ie ne sçay quoy dont il

a besoin ; car mon inclination ne tend qu'à ces petites voluptez qui prouiennent des yeux & de la parole, qui sont sans comparaison d'vn goust plus sauoureux & de plus de duree que ces plaisirs que nous auõs communs auec les bestes.

LE CAVALIER GASCON.
Ie prens grand plaisir à faire la veste moy.

VRANIE.
Vous auez raison, car c'est sans contrainte & sans y prendre grande peine, croyez qu'il faut bien veu l'antipathie de nos humeurs, la discordance de nos Genies, & dissemblance de nos idées, qu'il y ait quelqu'autre vertu secrette & incognuë qui agisse pour vous, car autrement à vous bien prendre, vous estes plustost digne de ma haine que de mon affection. Quoy, vous me respon-

dez des espaules, & sacrifiez au silence plultost qu'aux graces? N'entendez vous point ce langage, auez vous si peu profité aupres de moy, & si peu retenu les preceptes d'amour que vous en ignoriez les principes?

LE CAVALIER GASCON.
Yé bous aime vien sans tant filousoufer.

VRANIE.
Mais mon mignon ne sçauriez vous à tout le moins respondre pour me contenter, Que vous reconoissez en moy de nouuelles graces qui augmentent vostre amour, Que cette amour vous cause des desirs si insupportables ; Que vous estes contraint d'auoir recours à ma misericorde, & que si vous ne la pouuez meriter, vous aimez mieux la mort qu'vne vie si ennuyeuse?

LE CAVALIER GASCON.
La beuë en decoubre le fait.
VRANIE.

La veuë peut errer, car vos souspirs peuuent aussi-tost prouenir de quelque difficulté suruenuë aux coduits de la respiration, comme pour le trop attentif arrest que vous ait causé la contemplation de mes beautez; vostre couleur blesme peut naitre aussi tost de quelque indisposition cachee, comme de ce que le sang qui deuroit colorer vostre teint, est accouru au secours du cœur qui palpite à mon occasion, Quant aux larmes qu'on voit prendre origine en la propre source d'amour outre qu'elles peuuent estre aussi-tost feintes que veritables, elles ne sont pas moins indices d'vn cœur colere, despit & malicieux, que d'vn cœur traitable, doux & benin.

Ie vous ay tant de fois dit que vous feriez bien mieux d'employer le temps à lire Marius Equicola, Leon Hebreu, ou les œuures de nos Poëtes, qu'en l'entretien de ces coquettes qui parlent toujours, & ne disent rien qui vaille. O que ie suis lasse de vous tant crier.

LE CAVALIER GASCON.
Bous ne me donnez pas le loisir de dormir.

VRANIE.
Vous le sçauez bien prendre pour entretenir vos maistresses: Ie sçay vos heures, vos reduits, & les bons tours que vous y iouez, & si ie le soufre, c'est que ie vous dedaigne, & que ie ne desire pas vous punir autrement que de vous voir en mauuaise compagnie.

LE CAVALIER GASCON.
Mon reduit est ma châbre ou bous

me tenez toussiours enfermez.
VRANIE.
L'amour est maistre des inuentions; les aisles luy sont donnees pour aller partout; la tour d'airain d'Acrise est mieux fermee que vostre chambre, & toutefois il entre dedans : Tout est remply de Iupiter, & puis où est-ce qu'vn beau Soleil comme vous n'entre point?

LE CAVALIER GASCON.
Ne direz bous onques vien d'aucunes femmes?

VRANIE.
Ie ne blasme point celles qui se contentent d'estre seruies d'vn honeste homme, & lors qu'il ne s'agit que d'vne honeste conuersation de la parole & du regard: I'en blasme seulement l'effusion de sang, & ceux qui comme vous sont gladiateurs à outrance.

LE CAVALIER GASCON.
Sás cela lé reste est jû de petis enfás.
VRANIE.
Ainsi le tiennent les grossiers & & ignorans tels que vous, qui comme vrays Satyres, & n'ayant pas dequoy continuer longuemét vn discours veulent aussi-tost venir aux prises, interrompans mille petites delicatesses qui s'espreuuent dans l'entretien & la communication des esprits.

LE CAVALIER GASCON.
I'aime vien autant le corps qué l'esperit.

VRANIE.
L'esprit pourtant est bien plus à aimer; c'est luy qui tient le cœur quád la beauté l'a pris: mais il faut malgré la raison que chacun aime son semblable; & pour vous sans tant subtiliser, la cause en est que vous estes

tout corps, & n'auez point d'esprit;
& ne sçauriez iuger des vrayes voluptez en tant qu'elles prouiennent
de l'ame par raison & science, mais
oüy bien des fausses voluptez, parce
qu'elles procedent des sens exterieurs, & encores en iugez vous
bien mal le plus souuent, lors que
vous vous laissez coifer à toutes les
laides qui se presentent.

LE CAVALIER GASCON.

Aussi bray yé ne suis coifé que de
bous.

VRANIE.

Il parest du contraire en vos yeux
pleins d'inquietude & d'impatience, qui sont toujours en queste de
nouuelle proye, & qui semblent
aller chantans auec Ronsard, *Qu'il
n'y a rien si sot qu'vne vieille amitié*;
mais ie suis encore plus sote de m'en
soucier, comme si vous en valiez

bien la peine, moy sous qui tout flechit, moy coutumiere de donner des loix à qui bon me semble, moy qui n'obeïs qu'à moy-mesme. Vrai-ment ie l'aimerois de vous, Monsieur l'ignorant, de me faire seruir de couuerture, vous que i'ay esleué de la poussiere & du limon de la terre: vous que i'ay fait naistre en vne nuit, sot, niais, facheux, melancolique, & bref, pour le dire en vn mot, le plus grossier Gascon qui soit iamais sorty de son pays: Auez vous point encore reconu que ce que i'en ay fait estoit pour me moquer de vous, & pour vous precipiter en mesme temps que vous auriez commencé d'esperer ; Aprenez si vous ne le sçauez que ie ne puis ny ne veux aimer vn sot & vn ignorant.

LE CAVALIER GASCON.

Si bous poubiez pis, bous le diriez.

VRANIE.

Ie suis comme les soldats de Philippe qui nommoient toutes choses par leur nom ; tant que vous persisterez en vos folles amours, vous n'aurez autre nom de moy que de sot, & tát que vo^9 serez sans sçauoir parler ie vous nommeray ignorant.

LE CAVALIER GASCON.

Si yé ne suis sçabant patience.

VRANIE.

Si croy-je qu'en vostre âge le temps & la peine pouroient enfin faire quelque chose de bon de vous, & & qu'ainsi que d'vn champ fertile i'en retirerois quelque moisson vtile: mais ie m'aperçois bien que vostre terroir est sterile par vostre faute, Qu'en vain i'y seme, puis que vostre rude naturel ne s'est pû desffricher & changer. Voyez vous pas que l'extase vous tient, & qu'aussi muet qu'vn poisson, vous estes le Symbole du silence ? Estes-vous empierré ? l'obiect present est-il si peu digne de vos regards & de vos paroles, que vous teniez ainsi la bouche close, & les yeux fermez? Coupez ce filet de grace, & ne soyez plus si long temps disciple de Pytagore. La Pie Romaine apres auoir medité quelques iours, sçauoit imiter les sons qu'elle auoit entendus: C'est enfin faire son profit des leçós que l'on a oüyes, de parler apres s'estre teu : Sçachons donc en vn mot, pourquoy ne parlez vous point ?

LE CAVALIER GASCON.
Bous en estes la cause.

VRANIE.
Comment en serois-je la cause, ne vous conuiay-je pas assez de parler,

& ne vous en donnay-ie pas aſſez de ſujet? Expliquez voſtre Laconiſme, ou bien permetez moy que ie iouë deux perſonages, & que ie reſpóde pour vous. Eſt-ce qu'offencé de mes veritez, & de ce que ie me moque ordinairement de vous, la colere & le mal que vous m'en voulez vous oſtent l'enuie de rien dire, ou bien eſt-ce que naturellement ſot & honteux, vous ne ſçachiez ny proferer ny exprimer vos conceptions; ou peut eſtre que le trop d'amour lie voſtre langue, & ocupe vos ſens, de façon que ce qu'vn autre moins amoureux employeroit à dire, vous l'employez à deſirer?

LE CAVALIER GASCON.
Boilà la pure berité.

VRANIE.
Si n'en croy-je rien que ſur bons gages; Toutefois cette petite ro-

F ij

sée qui distile le long de vos ioües, veut que i'y adiouste quelque foy; Cà, que ie la ramasse dans ce mouchoir, & que i'en arouse l'autel de ma vanité. Mais auoüez aussi qu'il n'y a que ces belles mains qui soient dignes de cette offrande. Voyez les bien, & encore que ie ne les aye point descrassees depuis huict iours, gageós qu'elles effacent les vostres, & que toutes mal soignees qu'elles sont, elles leur font perdre leur lustre. Causons, causons, ie ne veux plus vous fascher.

LE CAVALIER GASCON.
Yé bous en aimeray dabantage.

VRANIE.
C'est tout ce que ie demande de vous, car imitant les Dieux, i'aime beaucoup mieux obeïssance que sacrifice, & me plaisant ainsi qu'eux à mes œuures, ie voudrois vous pou-

uoir rendre tel que i'eusse de l'honneur à ma nourriture, & par mesme moyen me payer par mes mains de ma peine, auec le plaisir que ie tirerois de vostre parlante conuersation. Cà donc venez à l'adoration de tant de beautez, & baisant ces mains que ie vous presente, escoutez & retenez ce que vous me deuriez dire.

Pourquoy ne voulez-vous pas belle Reyne de mes pensees fortifier mon cœur contre tant d'aprehensions qui l'assaillent, affermissant en telle sorte ma felicité, que ie puisse desormais viure sans crainte d'estre depossedé? Pourquoy consentez vous que le doute continuel où ie suis de vous perdre, rende ma vie moins contente, mon aise moins acomply, & ma gloire moins parfaite. Suis-je pas cèt adorateur de vos graces, qui ne respire que vostre nom, & qui estant en action perpetuelle de desirer ce que ie vois, &

F iij

d'admirer tout ce que i'oys, suis rauy de tant de merueilles que ie ne sçay lequel eslire, ou d'estre tout yeux pour vous regarder, ou pour vous oüyr tout oreilles?

LE CAVALIER GASCON.
Bous me labez osté de la vouche.

VRANIE.
A la verité c'est tout vostre style: mais voyons comme vous me l'eussiez dit, & auec quelle grace vous sçauez proportionner vos paroles à vostre passion. Dites:

LE CAVALIER GASCON.
Pourquoy velle Reyne de mes menuës pensees, ne frutifiez bous mon cœur d'aprehensions, assaillant & affermissant en sorte la mienne felicité, que puisse bibre sans estre poussé? pourquoy consentez bous que doute continuel de bous perdre rende contente ma bie, gloire parfaite & moins acomplie? suis-je pas

cet adorateur de bos Dieu graces, qui empire boſtre renom en perpetuel deſirer ce que yé bois, ruiner ce que i'oys, qui rauy de merbeilles né ſay lequel lire, ou d'eſtre tous yeux pour bous oüir, ou pour bous regarder tout oureilles.

VRANIE.
Voylà bon galimatias, & faut confeſſer qu'il n'y a pas grande peine à vous faire declarer vne beſte, auoüant que i'ay tort de vous faire parler, puis que vous auez meilleure grace à vou taire. Il faut donc employer deſormais cette belle bouche à vn autre vſage, & en retirer quelqu'autre ſorte de plaiſir, pardonnant à la nature qui employant tout à polir le corps, n'a peu rien reſeruer pour l'eſprit: gardez ce beau langage pour vos autres maîtreſſes, & tádis que cette ruelle eſt vuide de ces

F iiij

fascheus qui viendront bien tost interompre nos contentemens, ie veux tirer quelque satifaction de cette muette qui ne respond point, & n'en pouuant aracher des paroles, ie veux au moins en tirer quelqu'autre douceur. Aprochez-vous donc mon mignon, car vous estes mieux prest que loin ; & puis vous estes plus propre pour satisfaire au goust qu'à l'oüye. Recherchons d'entre vn nombre infiny de baisers celuy qui sera le plus sauoureux pour le continuer. O qu'ils sont doux & bien assaisonez. Cela me rauit, & n'y a si petite partie en moy qui n'y participe, & où ne furrette & n'ariue quelque petite étincelle de volupté! mais il en faut mourir : i'en suis toute esmeuë, & en rougis iusques dans les cheueux. Ha, vous excedez vostre permission, & quelqu'vn s'aperceura de voſtre priuauté. Hé bien, vous voylà dans voſtre element & où vous paroiſſez plus qu'en toute autre choſe. Ha! i'en ſuis hors d'haleine, ie ne m'en puis rauoir, & il faut (n'en déplaiſe à la parole) auoüer que pour beau que ſoit le diſcours, cet eſbatement le ſurpaſſe; Et peut-on bien dire ſans ſe tromper que rien ne ſe trouueroit de ſi doux, ſi cela n'eſtoit point ſi cher.

DISCOVRS
DE L'ENNEMI D'AMOVR, & des Femmes.

AVEC LA RESPONCE
par Erophile.

VOSTRE curiosité est si iuste qu'elle merite bien d'estre satisfaite. Vous desirez sçauoir de moy si ie suis redeüable du mespris que ie fais de l'Amour, ou à quelque defaut de mon corps, ou à quelque vertu de mon ame; Ce ne me seroit pas vne grande loüange d'auoir peu triompher de cette passion par l'impuissance de luy pouuoir satisfaire, & si la victoire en estoit née auec moy, il me seroit beaucoup plus auátageux de la taire que de la publier. Ie vous puis asseurer, Erophile, que la Nature ne m'auoit pas oublié en la distribution de ses presens, & que ie ne suis obligé qu'à la violence de mon mal, de m'auoir appris d'estre violent en la recherche du remede. Ma raison s'est vaincuë soy-mesme pour ne se pas laisser vaincre à cet ennemy, & s'estant renduë Maistresse dans sa maison, elle m'a fait comprendre que de toutes les infirmitez des hómes, il n'y en a point de si basse que celle qui les assujettit à l'adoration des femmes. Ie sçay bien que ie suis si peu authorisé dans mes discours ordinaires, que la cause la plus forte court le hazard de se perdre auec moy, tellemét que ie gagnerois fort peu dás vn party qui sémble assez foible, n'estoit que i'espere qu'à la fin ceux qui taschét de déguiser la verité cesseront de se donner tant de peine pour se priuer du bien de sa cognoissance. Ie ne doute pas que les Esprits les plus eminés de ce siecle ne dónét tous à l'amour les habillemens d'vne rare vertu, & ne publient qu'il est vn des principaux ingrediens qui entre en la composition d'vn honeste homme; Ils preschent qu'il tient les clefs sous lesquelles l'on enferme toutes les douceurs de ce monde, qu'il a de l'eloquence pour les muets, du courage pour les insensibles, & vn reseruoir de graces & de gentillesses pour les plus flestris & les plus assoupis : ils adjoustent qu'il est le bien de tout ce qui est enclos sous la voute du Ciel, que c'est luy qui bat la mesure aux accords & en l'harmonie de l'Vniuers, que la nature luy a commis le soin de la continuation de tous ses ouurages. C'est de cette monnoye que ce petit bastard veut payer les fausses lettres de sa legitimation, & sur ces fondemens bastir ses infames autels. Il fait esperer des beatitudes à ses deuots, & cependant ie ne voy pas qu'on puisse trouuer vne ame de quelque grande estenduë qu'elle soit, dans laquelle on puisse loger cet hoste auec vne seule de toutes les vertus. Nous voyons qu'aussi-tost que cet incendiaire s'est campé dans nostre esprit, il y allume tant de feux qu'il conuertit tout nostre iugemét en vapeur & en fumee, & démonte tellement tous les ressorts de nostre raison, qu'ils vont tous à rebours, & dans cet interualle il nous traisne aueuglement par les plus affreux precipices de cette vie; enfin ce bourreau de nos sens met tant de nuits & de voiles entre nous & la verité, qu'il ne permet qu'au mensonge de nous aborder: Vn seul grain de son venin trouble si fort nostre imagination, qu'elle méconnoist les couleurs & le visage de tout ce qui luy vient au deuant. Iettons les yeux, s'il vous plaist sur vn amant, pour voir s'il nous prendra enuie de luy estre semblable: Qu'il soit le plus acomply de tous les mortels, & le moins capable d'obeïr à la folie, S'il ouure vne fois la porte de son cœur à vn rayon de cette frenaisie, il faut qu'il se resoluë de deuenir l'habitation des songes, des resveries, du desordre & de la confusion: Son ame quittera à mesme instant son plus haut & plus noble estage pour descendre aux parties les plus sales du corps, afin de leur seruir d'aide pour les porter au but de leurs vihins appetits. Ie veux que la cause de cette maladie soit la disformité mesme, & que le corps de la Maistresse qui l'aura blessé soit vn corps de plusieurs chetiues pieces mal rangées, cuit & bruslé dans les plus insolentes chaleurs de l'Ethiopie; animé, ou pour mieux dire salé tant seulement de l'ame d'vn vermisseau pour l'empescher de pourrir : Ce melancolique amoureux iurera neantmoins qu'il n'y a point de paroles qui ne soient trop petites pour signifier l'excés de cette beauté: Que les mots de merueille & de miracle s'appliquét à trop de choses pour les pouuoir appliquer à vn sujet qui n'a rien de commun auec tous les autres, & que tout ce que les siecles passez nous ont produit de plus rare n'estoit que de foibles essais que la Nature faisoit pour s'instruire à donner la façon à cet incomparable chef-d'œuvre: Que le feu du Soleil & celuy de tous les astres ensemble ne meritent que le nom de tenebres en comparaison de la clarté de ses yeux. Il soustient encore que la Nature auoit separé de toute eternité la fleur & la cresme de tous les corps imaginables pour faire celuy de cette incomparable Maistresse de son ame, & que c'est vne essence tirée par vne Chimye surnaturelle de toutes les autres intelligences qui habitent les Cieux. Vn seul de ses regards peut abaisser les plus superbes montagnes, brider le cours des riuieres, changer leurs eaux en precieuses liqueurs, & les espines en roses; si elle crache, ce n'est que cotton musqué, si elle tousse, c'est vne legion de Cupidons qui sortent auec melodie de sa bouche; Il n'est pas

mesme

mesme iusqu'au vét de son derriere auquel il ne dône d'extremes loüanges, & duquel il ne die que c'est la meilleure musique qui soit preparee aux habitans des Champs Elisées, & que l'odeur qui en sort sera leur musque & leur ciuette, & l'incensé croit estre bien modeste quád il n'en dit pas dauantage. Que si sa verue le presse extraordinairement, son impieté dresse des eschelles contre le Ciel, & oste les Dieux de leur trosne pour y placer sa Deesse; Il se fantasie que les plus grands titres de souuerain maistre doiuent estre au dessous de ceux qui sont deus aux perfections de sa maistresse; Il proteste qu'il est prest de troquer toutes les pretentions qu'il a aux Champs Elisees, & au Paradis, si vous le voulez, pour vn seul baiser de sa diuinité. S'il vient à considerer

G

en destail toutes les parties de la personne qu'il idolastre, il rencontre par tout dequoy nourir la manie de son admiration, & trouue par tout de nouuelles matieres de rauissement & d'extase, & s'il vient à porter sa pensee à la partie qui distingue le sexe, il s'imagine que les plaisirs & les delices de ce lieu-là sont à vn si haut degré que la verité & la fable n'ont iamais sceu trouuer de paroles suffisantes pour les sçauoir dépeindre: Il y contemple les graces & les voluptez comme dans leur Cabinet sacré, & ose bien dire que de telles prosperitez sont les aisnees de toutes les autres qu'on se peut figurer: Son esprit va tousiours errant à l'entour de cet endroit là, & toutes les lignes de ses actions aboutissent à ce centre; Si on trouuoit la fanté d'vne telle maladie chez les

Apothicaires, que ne faudroit-il pas donner pour la receuoir? Ie ne voudrois pas mieux me vanger de la plus grande offence que ie pourrois auoir receuë en ce mode, qu'en donnant vn pareil tourment à celuy qui me l'auroit faite.

Les Poëtes qui ont feint vn Enfer à leur mode, inuentent des gesnes beaucoup plus agreables que celles que souffrent ceux qui sont affligez de ce genre de martyre; La fin d'vn supplice à vn amant est tousiours le commencement d'vn autre, les plaintes ne cessent iamais que pour faire place à ses souspirs, les souspirs ne s'estouffent que dans ses larmes, & ses larmes ne se sechent qu'à l'ardeur du feu de sa rage & de son desespoir: Ces malheurs font vn cercle duquel toutes les parties se tiennent l'vne à l'autre,

G ij

& n'ont point du tout d'issuë: Les plus douces paroles de ce forcené sont de perpetuelles fulminations côtre les plus augustes loix de l'Honneur, lors qu'elles luy bouchent le chemin de ses contentemens, il declame contre la Religion, & se fasche de ce qu'elle a mis vn sacrement à la porte du lieu où elle enuoye tous ses souhaits sans l'entremise duquel elle ne luy en veut pas permettre l'entrée, il dit que c'est commettre vn parricide de fouler aux pieds l'authorité de la Nature nostre mere, que les appetits qu'elle a attachez aux sens sont des Pedagogues & des Conseillers muets qu'elle nous a donnez, ausquels nous ne pouuons resister sans impieté; Que Dieu seroit vn tiran bien iniuste s'il vouloit que nous fissions le contraire de ce qu'il veut que nous desirions naturellement ; Que nous ne sommes pas de pire condition que les autres animaux qui sont tous autant de Monarques qu'ils sont d'indiuidus, & n'obeïssent qu'aux ordres de leurs voluptez; Que les loix de fornication, d'adultere & d'inceste, sont des inuentions des ialoux ou des impuissans, & finalemét que ces chimeres qu'on appelle Vertus, sont des os que les Souuerains baillent à ronger aux peuples, cependant que dans leurs Palais il se saoulent de tout ce que nous appellons vice, ou peché ; ce qui n'est en effect que le legitime & naturel object de nos sens. Il a bien encore des discours plus libertins, mais le recit n'en peut estre que contagieux; Sa Theologie prend toutes ses maximes si loin de celles qui nous enseignent le chemin du Ciel, qu'il ne peut point souffrir de præcepte qui le cōtrarie en ses desseins, Il veut que la bonté de Dieu s'estende à nous donner toutes choses liberalemēt sans nous le faire acheter par les contradictions & les tortures que nous pouuons donner à nos volontez. Quelle espece de déreglement nous pouuons nous representer qui puisse porter l'esprit de l'homme plus auant dans la furie & dans la brutalité? Qui est celuy qui voyant vn pareil vacarme en l'ame de son voisin, ne declare la guerre à l'amour, & ne souhaite plustost d'entrer dans le ventre des Tigres & des Lyons, que de laisser entrer vn tel Lutin dans sa fantaisie? Qui est celuy qui a le iugemēt tant soit peu sain, qui iuge que le but que cette passion nous propose soit si important qu'il nous y faille aller auec les aisles de tant de crimes, ou bien portez sur le dos des demons, & par la voye ennuyeuse de tant d'inquietudes & de tourmens.

Quant à moy, ie n'ay pas eu besoin d'vne si grande lumiere pour m'empescher de briser contre cet escueuil; La premiere haine que ie conceus contre l'amour ne proceda point d'vne si grande cognoissance de ses meschancetez ; Ie me contentey d'auoir veu quelqu'vn de ses preludes, & d'auoir consideré la posture qu'il donnoit à ceux qui portent les plus grands titres parmy nous auprés de celles qui auoient troublé leurs imaginations; Ie me representay ces Heros dont l'Histoire doit porter le nom au delà des funerailles du monde, qui aprés auoir fait des Cimetieres de tous les païs qui ne leur auoient pas voulu

G iiij

obeyr, & ne s'estre chauffez que du feu des Lauriers qu'ils auoient acquis à la guerre, apportoient leur gloire & leurs honneurs auec leurs tres-humbles submissions aux pieds d'vne beauté dont le nom n'estoit iamais sorty du village qui l'auoit veu naistre. Ie m'estonnay d'auoir veu vn peu auparauant ces victorieux faire des Edits pour toute la Terre, & ne dire rien de plus humble que, IE LE VEVX, & à l'instant ie treuuay qu'vne œillade les auoit tellement degradez, qu'ils n'auoient plus de bouche que pour faire des supplications à leur Dame, ny d'oreilles que pour receuoir ses commandemens. Si elle se monstre, ils veulent que toutes les parties de leur corps se changent en yeux pour pouuoir appliquer toutes les lumieres de leur ame à la contemplation de cette beauté. Si elle parle, ils souhaitent de n'estre qu'oreilles pour ne rien laisser perdre de cette diuine voix. Tantost ils apprehendent que les plus doux baiser de l'air ne soient des injures à son visage, tantost ils blasment le Soleil de ce que sa lumiere ne s'approche pas d'elle auec assez de respect. Ils sont prests de leuer vne armée pour empescher que l'indiscretion des mouches ne paruienne iusqu'à elle. Ils appellent sacrilege de couurir leur teste en sa presence, & de n'estre pas à genoux en posture d'adorateur quand elle est assise. Ils souhaitent de deuenir le linge qui touche sa chair, & d'estre metamorphosez en toutes les choses du monde pour en approcher. Si elle veut estre diuertie, & qu'elle demande à rire, il faut que le galand iouë tous les personnages de la Comédie ; Ce qu'il sçait le moins est ce dont elle l'importunera dauátage. Si le temps ou le trauail ont endormy les jambes du vieil guerrier, elle veut qu'il les réueille, & qu'il danse toutes les anciennes courantes dont il se souuient. Quoy que son poulmon soit rude, vsé & enroüé, il faut qu'il y trouue du vent pour pousser vne vieille chanson aux oreilles de cette delicate. S'il y a quelque precipice à sonder, il faut que Monsieur l'amoureux se hazarde sans sujet pour la contenter. Les plus salles mestiers deuiennent honorables auprés d'elle, & plus sont infames les seruices qu'elle desire, plus fait on de vanité & de gloire de les luy rendre. Si elle se laisse baiser la main, elle croit que cela vaut mieux que la vie qu'on aura mille fois hazardée pour elle.

vn de ses cheueux est de tel prix, qu'il n'y a personne qui en puisse meriter le don; Et pour conclure, il n'y a rien de si petit en elle, qu'elle ne l'estime trop grand pour recompenser la perte d'vn Royaume si elle en auoit esté le sujet.

Considerez maintenant si apres auoir veu plusieurs pareilles folies, & auoir iugé ceux qui en estoient coupables dignes de risee & de moquerie, & indignes d'estre mis au rang des sages & des vertueux, i'ay peu consentir à imiter leurs actions. Ie vous auoüe qu'ayant examiné de fort pres les grādes defereces qu'ils rendent aux Femmes, ie n'ay sceu comprendre quelles sont les qualitez qui leur acquierent tant d'auantage par dessus les hommes. La plus grande commodité que nous puissions retirer d'elles, est qu'elles sont le chemin par où il faut que nous fassions passer nostre posterité, & i'accorde qu'elles sont comme le remede qui nous est donné pour la continuation de nostre espece, malgré l'iniure du temps qui ruine toutes choses; mais ie ne puis pas auoüer qu'il faille que cet vsage nous oste le sceptre de la main pour le mettre en la leur, ny que cette commune vtilité doiue estre payee de nostre seruitude particuliere. Que s'il falloit que le sexe qui y met le plus fut satisfait & desdommagé aux despens de l'autre, les femmes n'auroient pas dequoy fournir à la moitié de ce à quoy elles se treuueroient obligees aux hommes pour ce regard. Aussi l'ordre que la Nature auoit prudemment estably portoit que nous receussions d'elles les honneurs que nous leur rendons en ces occasions, & qu'elles acceptassent par leur esclauage les graces que nous leur payons si laschement. Cette regle seroit encore en vogue si nos peres n'eussent consideré qu'en ne prisant pas les femmes plus que leur condition le desiroit, il estoit impossible de pouuoir souffrir leur conuersation, tant elles estoient de fascheuse humeur. C'est donc par les eschelons de nostre bonté & indulgence qu'elles sont montees à la tirannie qu'elles exercent contre nous mesme, & par ce moyen elles nous vendent ce qu'elles achetoient autrefois de nos deuanciers. Nous auons abusiuement flechy les genoux deuãt nostre ombre, & auons fait des Idolles des vases destinez à receuoir. Ie ne veux pas extrauaguer auec ceux qui disent que pour aller du dernier des hommes à la premiere des femmes il faut beaucoup descendre ; ie ne pense pas que de nous à elles le traject soit si demesuré, ny ne veux pas estre de l'opinion de ceux qui tiennét que leur ame est de mesme matiere que leur corps, & que la fin de l'vn est accompagnee de celle de l'autre, i'ay assez de pieté pour croire qu'elles ont part à l'immortalité; Mais ie ne dois pas estre tenu pour impie, si ie dis que les imperfectiõs de nostre iugement forment toutes les perfections que nous treuuons au visage des femmes; Leur beauté n'est qu'vne foiblesse de nos yeux, & vne illusion de nostre esprit; Estre belle en France c'est estre monstre en Ethiopie; Les noires ont autant d'idolastres que les blanches, & il n'y a point de taille ny de disproportion de corps qui ne soit vne beauté en quelque endroit de la Terre. Autant de personnes, autant de diferens gousts; Chacun a ses abus & ses aueuglemens, & les couleurs n'ont d'autre prix que celuy que leur donne nostre infirmité. La Nature n'a point fait de regle generalle pour iuger de ce qui est beau. L'ardeur de nos appetits a inuenté les tiltres & les loüanges que l'on attribuë à plusieurs obiects, enfin la beauté n'est autre chose que l'esbloüissement de ceux qui la croyent estre telle. I'appelle les beaux cheueux de belles forests à poux, les beaux yeux de belles gouttes d'eau encloses dans la fragilité d'vn verre. Le plus beau nez du monde n'est qu'vn beau canal à morue, & la plus belle bouche vn beau moulin à viandes. Ces bouteilles de laict que vous ne pouuez assez loüer sont des marroquins qui deuiennent les sujets de nostre horreur si tost qu'ils viennent à se détendre & à se desenfler. Quant aux ventres dont les pensées apportent de si extremes tentations, qui est-ce qui ne sçait dequoy ils sont remplis, & l'vsage auquel ils sont destinez? N'est-il pas vray que cela est si salle, que nous n'en oserions mesme parler? Ne sont-ce pas des sacs pleins d'ordure? Ce lieu que l'honnesteté defend de nommer, qui est celuy qui sert de but à l'Amour, & auquel vont tous les soufpirs de ces galāds, & où ils mettent toutes leurs beatitudes, est-ce autre chose que le passage d'vn corps? Ostez la surface & la premiere peau à ces mignonnes d'où viennent nos affections, le dessous nous apprendra que le but de nos desirs deuoit estre celuy de

nos

nos dédains, qui a veu separement les parties dont elles sont basties, aura bien le iugement peruerty s'il se peut resoudre à en aymer le tout. La blancheur que nous treuuons estre vn si puissant sortilege, & vn enchantement en leur visage, est beaucoup plus parfaite en la neige que nous foullons aux pieds; Leur beauté est si mal attachee qu'vn festu la peut mettre par terre, & il n'y a point de temps qui coule si doucement sur elle qu'il ne l'altere & n'y imprime ses vestiges. Son embonpoinct est vn festin qui se prepare pour l'estomac des vers, & vn aliment aux orties & aux chardons des cimetieres, & si vous adioustez à ces considerations l'indiscretion & la volage humeur de ce sexe, vous y adiousterez des raisons infaillibles pour le fuir à voiles & à rames.

H

La volonté des femmes est vn mouuement perpetuel sujet à la Lune. Elles ne treuuét rien d'agreable que ce qu'elles ne peuuent pas acquerir; vn mesme moment fait naistre en leur esprit & le desir & la haine d'vne mesme chose, & bien souuent estaint & l'vn & l'autre pour allumer vne nouuelle passion en leur place : L'opinion que les femmes ont d'elles-mesmes est tousiours beaucoup plus haute que leur merite : Leur vertu n'est iamais arriuée au point de leur vanité, & le respect qu'on leur rend est beaucoup moindre que celuy qu'elles pretendent leur estre deu. Si leur beauté va à la mediocrité, leur orgueil va au delà des spheres imaginaires. Elles veulent que leurs mespris seruent de faueur à tout le monde. Elles reçoiuent les plus grands seruices que nous leur faisons comme tributs ou hômage que leur sexe doit leuer sur le nostre. Cepédāt leur brutalité est telle qu'elles vōt souuēt offrir en dō gratuit à quelque faquin, ce qu'elles ont refusé à titre de iuste recompen- se à vn honneste homme.

En fin nul ne doute que le cœur de la femme ne soit le pays natal de l'ingratitude, & que ceux qui la ser- uent auec plus d'honneur ne soient ceux desquels elle fait le moins d'e- stime. Sa folie la porte ordinaire- ment à rechercher ceux qui la fuyēt, & fuir ceux qui la recherchent. Elle dône tousiours son plaisir au lieu où son credit ne peut pas aller, & n'a rien de si precieux qu'elle ne tienne pour vn neant si la iouïssance luy en est facile. Si le Caualier le mieux ajusté se soumet à elle, il faut qu'il soit la victime qu'elle sacrifiera à tous ses mescontentemens, & qu'il souffre d'estre puny de tous les desplaisirs qu'elle receura d'ailleurs, & d'estre ioüé d'elle toutes & quantesfois qu'elle voudra rire: Les meilleures actions qu'il fera serōt la matiere des Comedies qu'elle representera à ses semblables: Il ne faudra point qu'il s'estonne si elle l'appelle son sot & son idiot en parlant de luy en compagnie, car ces termes sont presque tousiours le salaire de ceux qui employent leurs biens & leur vie au seruice des femmes. Au surplus l'argent est le sorcier de leur cœur: Il n'y a point d'homme si monstrueux qu'il ne puisse le gagner par cette entremise, & si vous leur faites vn present vous les conuiez à vous en demander vn autre. Le premier bien-fait est la planche pour aller au second. Il faut que la bourse d'vn amant ne soit iamais liee que d'vn fillet d'araignee. Considerez, s'il vous plaist, le contentemét qu'vn homme de bonne trempe peut receuoir en leur conuersation: Les sublimes discours leur escorchent les oreilles, & font donner le nom de Pedant à celuy qui en est l'autheur. Leur entretien ne passe point la cuisine ou l'equipage de l'amour. Quelque mot qui sera supportable en la premiere face, & impudique au reuers sera receu pour Oracles: Elles ne treuuent point de paroles agreables si elles ne portent la saleté ou la médisance en croupe: Elles sçauent toutefois si bien se déguiser, & celles qui ont le plus d'inclination au vice sont si fardées à l'exterieur, que tout ce qui est masle leur est suspect en apparence, iusqu'à ne pouuoir souffrir vn cocq en leur maison; Et il semble qu'elles aprehenderoient de treuuer la mort de leur pudicité en leurs viandes lors que le nom n'en est pas feminin. Humeur estrange qu'elles semblent condamner ce qu'elles aiment si fort!

Venons maintenant à leurs delicatesses, & vous verrez qu'vne feüille de rose ne sçauroit si doucement toucher leurs souliers que le coup ne les rende boiteuses; Le repos mesme est capable de les blesser, & si elles voyent combattre deux mouches la frayeur les met au lit pour vn mois; Elles ne peuuent rien manger qui ne soit trop rude pour leur estomac; Elles aprehendent de mascher l'air de peur qu'il ne leur casse les dents. Il leur faut des Ingenieurs de ventre qui sçachent forcer la Nature, & la contraindre de donner à leur bouche en tout temps ce qu'elle ne produit qu'en vne saison, & obliger l'Architecture de tenir pour leur entretien vn printemps perpetuel au milieu de l'hyuer & des neiges. Le trauail leur est si contraire & si messeant, qu'apres que leur main a mis vne espingle à leur collet, il leur faut vne heure pour reprendre haleine. Ie ne veux rien dire des ornemens qui leur sont necessaires pour couurir & oster leurs defauts, & les diuers visages que la Chymie leur preste. Qui ne voudroit rien obmettre de ce dont on les peut blasmer, il ne faudroit rien taire de ce qui est en elles; Mais de ce peu que i'en ay dit on peut assez conclure que c'est plustost la santé de mon ame qui m'empesche de les seruir que la maladie de mon corps? Ie confesse bien qu'il est per-

H iiij

mis de les souhaiter comme les autres choses destinées à la vie de l'hõme, mais il ne faut pas auoir plus de passion pour elles que la commodité qu'elles nous apportent ne nous est necessaire. Puis donc que nous ne faisons point d'estat d'vne infinité de choses, sans lesquelles nous pouuons subsister, quel prix deuons nous donner à celle dont l'vsage nous est arbitraire? Celuy qui dressa le premier des temples à l'amour sçauoit mal à quoy il deuoit employer son encens, & son argent. Comme Dieu est le nom du plus grand bien, il auoit fort peu d'esprit de le donner au pire de tous les maux. Il fit vn enfant autheur de si enormes meschancetez que le conseil de tous les diables ensemble auroit de la peine à les inuenter. Il nous le represente nud, & cependant il est revestu & envelopé d'vne infinité de fraudes & de tromperies. L'on dit qu'il n'a point d'yeux, & neantmoins il n'y a rien de si caché qu'il ne voye, ny de si couuert qu'il ne blesse. Ses meilleures fleches sont celles qu'il fait tirer par les yeux, & la porte par laquelle il entre en nostre fantaisie est celle des yeux pareillemét. L'on luy dóne des aisles pour marque de sa mobilité, & bien souuét vn siecle ne luy voit pas cháger de place. L'on luy met mal à propos le flambeau à la main, puis qu'il n'y a point de feu si ardent qui ne laisse des cendres, mais plusieurs fois l'amour ne laisse rien à ceux qu'il entreprend de ruiner. Pour parler auec plus de verité il faloit dire que l'Amour est le fils aisné de l'abus & de la folie, que la rage & la tempeste l'ont alaicté, que les plus enormes pechez sont ses enfans les plus naturels & les plus legitimes; Que les peines, les miseres, & les supplices, sont ses neveux & arrieres neveux, & que tous ses honneurs & deuoirs consistent aux charges de grand Veneur & Procureur general de l'Enfer. Ses plaisirs sont contraires & opposez à ceux des excellens Statuaires qui par l'industrie de leur art veulent conuertir les pierres & les metaux en hommes; Cettuy-cy n'a autre dessein que de conuertir les hommes en pierres, & fait plustost qu'ils sont des ames incorporées que des corps animez. Qui ne iugera maintenãt celuy estre peu aduisé qui voudra entreprendre de faire vn Dieu de pareille estoffe. Ce que les lignes d'vne Epistre en peuuent contenir vous fait assez recognoistre que i'ay iuste sujet de me declarer ennemy iuré de cette brutale passion, & de n'en pouuoir mesme souffrir l'image en l'esprit de mes amis. Vous estes le seul que ie puis exempter de cette rigueur, parce que ie croy que vous ne receurez iamais l'amour chez vous qu'à condition qu'il vivra en bonne intelligence auec les vertus necessaires à ceux qui veulent tenir les premiers rangs dás le Temple de Iustice: Mais pourtant vous vous y pourriez abuser à cause que l'amour estant d'ordinaire vn vice, il ne loge point auec les vertus. Que si tant est que vous soyez desia atteint d'vne maladie telle que ie l'ay crayonnée en la personne des autres hommes qui en sont touchez, ie vous proteste que i'entreprendrois sur l'impossible pour pouuoir contribuer au restablissement de vostre raison, & pour vous tesmoigner que ie suis sans rien reseruer l'ennemy irreconciliable de l'Amour & des femmes.

RESPONCE
A
L'ENNEMY
DE L'AMOVR
& des Femmes.

FAITE PAR EROPHILE.

Vovs faites bien de vous defendre d'abord sur le Chapitre de l'Impuissance: si vous auiez oublié d'en parler, ce seroit par là que l'on vous attaqueroit d'abord, ayant veu vostre Discours contre l'Amour & les Femmes. Quelque asseurance mesme que vous nous vouliez donner d'auoir esté assez bien partagé des plus doux presens de la Nature, apres auoir bien raisonné là-dessus, l'on aura peine à croire que cela soit veritable, puisque vous mesprisez si fort ce que la Nature cherit le plus. En effet, cela seroit bon à dire si vous auiez desia donné des preuues de ce que vous dites, au lieu que l'on a tousiours remarqué que vous estes plus froid que le grand hyuer, & que ny la chaleur naturelle, ny l'artificielle, ne sont pas capables de vous eschauffer. Ce n'a iamais esté à vostre porte que les enfans trouuez du quartier ont esté exposez; L'on ne vous a aussi iamais fait appeller en Iustice pour cause de rapt, & si vous estes autant exempt des autres crimes comme de celuy-cy, vous vous pouuez vanter d'estre le plus innocent homme du Monde. Il ne faut pas s'eſtonner de cela, puis que de telles violences vous ſeroient fort inutiles, & qu'encore que vous ſoyez ſçauant dans pluſieurs parties des Mathematiques, vous ſçauez toutes les reigles de l'Aritmetique, excepté celle de la Multiplication. Ie ne dy rien que l'on ne iuge bien à la premiere inſpection de voſtre viſage? Voſtre front ridé, vos yeux cauez & mornes, vos iouës fleſtries & ſeiches, vos levres mortes, & voſtre crane deſnué de poil, témoignent bien que vous n'eſtes pas des plus vigoureux hommes de voſtre robbe. Ie ſuis faſché pourtant, comme amy que ie vous ſuis, qu'vn tel malheur vous ſoit arriué à trente-cinq ans ou enuiron, & que par ce moyen non ſeulement vous ſoyez priué des plus agreables plaiſirs de la vie, mais que de plus cela vous rende d'une si bigearre humeur, que cela vous contraigne de pester contre les deux choses les plus souhaitables que l'on se puisse representer à l'imagination. Quand ie pense à cela ie me reprens mesme d'auoir semblé proposer qu'aucun accident vous ait mis depuis peu en l'estat où vous estes, comme si vous auriez quelquefois esté autre; car si cela estoit, l'on se doit figurer que vous auriez eu quelques bons interualles où vous auriez honoré parfaitement ce que vous condamnez auiourd'huy auec tant d'imprudence, & il ne se pourroit pas faire que vostre esprit ayāt receu autrefois quelque impression de la verité & du bien le plus aimable de la vie presente, vous n'en eussiez encore gardé quelque teinture. Vous auez dōc tousiours esté vn homme sans chaleur elur & sans force; vostre Printemps s'est passé de la mesme sorte que fera vôtre Esté, vostre Autône, & vostre Hyuer. Vous n'auez point fait parestre de fleurs, & vous ne recueillerez point de fruicts. Aussi doit on croire que c'est manquer de vous appeller homme, si l'on ne dit en mesme temps que vous n'en auez que la ressemblance à peu pres comme vne Statuë, & qu'il n'y a qu'vn peu de barbe au menton qui vous fasse attribuer cette qualité. Que s'il y a quelque chose auec cela qui y contribuë, l'on pourroit alleguer que ce seroit qu'ayant parlé si desauantageusement des femmes, l'on ne se sçauroit persuader que vous soyez de leur nombre; En effet, vous estes trop difforme pour estre de ce beau sexe, & d'autant que vous estes fort esloigné de l'humeur

I

des hommes qui l'honorent extrememement, ils vous desauoüent aussi pour estre du leur, tellement que vous voylà reduit à estre reputé vn animal du genre neutre, ou plustost vn Monstre. C'est la recompense que vous receuez des paroles injurieuses que vous auez proferées contre deux puissantes Diuinitez, où vous auez commis autant de blasphemes. L'escrit que vous m'auez enuoyé sur ce sujet n'est pas seulement ce qui vous a mis en si mauuais odeur dans le Monde, mais encore les discours que vous n'auez pû vous empescher d'en tenir depuis en plusieurs lieux. Cela m'oblige à vous faire des remonstrances sur ce sujet, en quoy ie ne m'efforceray pas tant de defendre vne cause qui se soustient assez d'elle mesme, comme de vous faire auoir vn repentir de vostre faute. Hé quoy, vous osez blasmer l'Amour, comme si c'estoit vn fascheux hoste qui ne vinst loger chez nous que pour nous troubler par mille inquietudes, & qui nous ayant donné de mauuais conseils nous fist égarer du bon chemin? Vous pensez aussi qu'il recompense toutes nos peines par d'autres peines encore plus grandes, & que s'il nous conduit à quelques plaisirs, ils ne sont ny durables ny legitimes. Combien vous estes abusé dans vos imaginations! L'amour est appellé vne passion, comme c'en est vne en effet, mais elle est douce & tranquille, & son vray employ n'est pas à la recherche des crimes, mais des vertus. Ne sçauez-vous pas que quand les passions sont mauuaises en leur source si l'on a l'intention bonne, l'on ne laisse pas de les conuertir en de loüables affections employées à la poursuite du vray bien ? Que ne fera-t'on point auec l'Amour dont l'origine est iuste, & le progrez raisonnable ? Il nous guide fort seurement, & les fatigues qu'il nous donne ne seruét qu'à nous faire trouuer les contentemens plus agreables. L'amour est l'élement des beaux Esprits ; C'est estre sans ame que d'estre sans amour. Dans la plus grande seuerité de la Philosophie l'Amour n'est point defendu ; au contraire les plus contéplatifs ont des pensees amoureuses. Ie ne veux pas alleguer seulement que de nommer vn Philosophe, c'est pour faire entendre vn amoureux de sagesse ; Ie pretens que mesme les Philosophes ne se doiuent pas abstenir d'aymer les belles Dames. La Sagesse, la Prudence, la Liberalité, la Magnanimité, & toutes les autres vertus ont des noms feminins, non seulement pour monstrer que les femmes sont vertueuses, mais pour nous aduertir que l'on cherit la vertu en les aymant. Pour monstrer que ceux qui se sont exemptez d'amour n'ont iamais esté reputez fort sages, il se fait vn conte qui encore qu'il vienne du village, en instruit d'autant plus, puis que ce seroit vne honte aux citoyens des villes les mieux policées d'ignorer ce que sçauent les hommes champestres; C'est qu'vn Laboureur ayant perdu son asne, & l'ayant fait recommander par tout fort soigneusement, le Crieur public qui estoit vn gaillard qui se vouloit donner carriere, fit vn iour cette proclamation en plein carrefour ; Que s'il y auoit quelqu'vn qui iamais n'euſt eſté amoureux, l'on luy donneroit vn habit neuf, l'on luy feroit grand chere quinze iours durant, & au bout de là l'on lui garniroit ſes poches de force argent; Qu'alors vn gros pitault de vingt-ſix à vingt-ſept ans qui dormoit à l'ombre, s'eſcria que ceux qui vouloient faire ceſte charité s'adreſſaſſent donc à luy, d'autantque par ſa foy iamais il n'auoit eſté amoureux, mais que le Crieur public ſe tournant vers le laboureur, luy dit, ne cherche plus compere, car voylà ton Aſne. Cecy eſt raconté, dit-on pour nous enſeigner que celui qui n'a iamais aimé eſtant en âge de ce faire, eſt vn vray Aſne de nature, & que s'il a le corps humain, il a l'Eſprit brutal, ayant ſouffert vne metamorphoſe ſpirituelle plus dangereuſe que la corporelle. Cela est receu de cette sorte sans aucune repartie dans la premiere proposition : Neantmoins ie trouue méme que c'est vne comparaison trop releuée de comparer à des Asnes ceux qui n'ont iamais aimé. Hé pourquoi veut-on scandaliser mal à propos ce gentil animal qui est plus amoureux qu'aucū des autres? Ie ne diray pas que l'on en void des marques en l'Asne doré du sçauant Apulee, & en celui dont parle Lucian, qui contentoiét si bien les Dames, car tous les deux estoient des hommes qui auoient perdu leur forme exterieure par les enchantemens des sorcieres. Ie ne m'areste qu'aux Asnes de nó & d'effet, de qui l'humeur est si encline à l'amour, que la Deesse Venus à bien daigné s'informer de l'estat de leur corps & à trou-

I iiij

ué quelque chose en eux qui estoit digne de luy estre dedié. Il est certain mesme que l'amour n'est point particulier à ces animaux seulement: Tous les autres en exercent les preceptes selon leur pouuoir. Les plantes ont aussi de l'affection l'vn pour l'autre. La discorde qui est establie entre les Elemens par de certains Philosophes est aussi imaginaire. Ne void on pas qu'ils se liét les vnes auec les autres par vne gráde vnion? Les Astres ne font ils pas l'amour au monde inferieur? Les influences qu'ils iettent ne sont elles pas autant d'œillades amoureuses, & ne sçay-on pas quelles belles productions sont les fruits de ces excellentes amours? Le premier sentiment des choses sensibles est pour l'amour, & si les insensibles ont quelque moutiement qui soit guidé par la nature vniuerselle, ce n'est que pour monstrer qu'elles consentent à l'inclination generalle que toutes les Substances ont pour aimer. Il faut donc aimer quoi qu'en disent les mauuaises langues; C'est vne inuention de l'Esprit de discorde, & de l'Ange des tenebres, de persuader aux hommes qu'ils doiuent fuyr l'amour. Ce monstre pernitieux voudroit qu'ils luy ressemblassent tous, & qu'ils ne fussent propres qu'à hayr. Ceux qui sont mieux instruits ne sçauroient adherer à ses maximes: Ils font resolution d'aimer eternellement. Ils aiment premierement la Diuinité, & apres la vertu qui les y mene, & auec cela ils ne s'exemptent point d'aimer les belles Dames qui leur apprennent plustost à s'approcher d'elles que de s'en éloigner; Elles ne sçauent que c'est de commettre les crimes qui sõt ordinaires à plusieurs hommes. Les fraudes & les cruautez ne leur plaisent point; Elles fuyent l'oysiueté & tous les maux qu'elle apporte estans plus laborieuses que no°, ou tout au moins plus soigneuses : Vous vous estes amusé à nous representer les infirmitez de leur corps, en quoy vous auez tresmal reussi, car outre que vos discours sont fort dégoustans & capables de desplaire à qui que ce soit, vous ne faites rien contre les femmes en particulier, puis qu'en cela vous attaquez aussi les hommes qui ne sont pas moins suiets aux accidents de la nature. Au reste, ie vous apprens que si ie voulois exercer ma plume en faueur des femmes, il n'y a point de suiet où ie trouuasse tát à dire, car elles sont plus liberales & plus charitables, & quelquefois plus magnanimes que nous. Pourquoi donc n'aimera-t'on point cet aimable sexe qui possede les beautez du corps & de l'ame en égal degré. Cãhgez enfin d'auis, vous qui vous estiez declaré leur aduersaire. Chantez la Palinodie & les loüez autant desormais que vous les auez blasmée par cy-deuant. Cõtétez vous de cecy, d'autant que toutes les choses du mõde parlent d'elles mesmes pour l'amour & suiuent l'obiet qu'elles doiuent auoir chacune. Vous pouuez entédre ce qu'elles disent, & dans la froideur où vous estes, si vous auez à vous chauffer de quelque feu, que ce soit de celui que l'amour peut allumer iusques dans les glaces.

LA DISPVTE DV LVTH ET de la Guytarre.

Preface du Musicien.

BIEN que ie ne sois pas fort sçauant en musique, si est-ce que i'en sçay assez pour me diuertir moy-mesme, & quelque autre personne qui me portant de l'affection auroit agreable tout ce qui viendroit de moi: Aussi pour suppleer à mes deffauts, i'ay tousjours eu plus de soin que les autres, & i'ay tant fait que i'ay eu des instrumens qui parlent, soit qu'ils ayent esté enchantez par vne Fée, ou que les Dieux leur ayent accordé cette proprieté. Or vn iour que ie m'amuſois à reſver dedans ma chambre, i'ouys mon Luth qui murmuroit quelque choſe, & qui ſembloit parler en proſe, au lieu que d'ordinaire il parle en vers, ce qui me fit iuger qu'il auoit quelque choſe d'importance à me dire ; D'autre coſté, ma guytarre n'eſtoit pas muette, & nous tinſmes enſemble vn diſcours que ie m'en vay rapporter mot à mot.

LE LVTH.

Mon Maiſtre, ie vous voy dans des inquietudes que ie ſerois bien capable de chaſſer ſi vous vouliez croire mon conſeil. Tous les liures que vous conſultez ne ſont pas aſſez puiſſans pour vous deliurer d'ennuy C'eſt vn exercice trop melancolique.

LA GVITARRE.

Mon cher maistre n'escoutez point ce trompeur; vous sçauez bié que le Luth a cela de propre qu'il vous laisse souuent comme il vous trouue, ou que s'il apporte quelque changemét à vôtre passion, c'est qu'il l'augmente. Il n'y a que moi qui se puisse vanter de soulager les ennuis des hommes; Ie suis tousiours ioyeuse & agreable.

LE LVTH.

Vous estes vne impudente, ma sœur; Moy qui suis l'aisné de la maison, vous me deuriez respecter dauantage que vous ne faites. Pourquoi déguisez vous la verité? N'est-il pas certain que lors que nostre maistre a esté passionnement amoureux de Syluie, d'Amaranthe & de Dorimene, i'ai esté son seul entretien? N'estoit ce pas à moi qu'il communiquoit toutes ses pensées? Ne passoit-il pas des nuits entieres à me faire ses plaintes, & ne plaignois-ie pas son mal auecque lui?

LA GVITARRE.

Tu te condamne toi-mesme; car il est certain que tu te plaignois comme celui qui se plaignoit, au lieu de le consoler & de lui donner du secours, tellement que tu augmentois son martyre, mais pour moi ie n'ai iamais esté si peu secourable.

LE LVTH.

Il est arriué que lors que mō maistre t'a prise auec lui, il estoit déia en belle humeur, car s'il eust esté triste, il t'eust aussi tost reiettée; mais ie preuoy que tu ne seras plus guere en credit, car il est menacé d'vn mal où il n'y a que moi qui puisse apporter du remede: C'est pourquoi ie le coniure encore de m'escouter.

LE MVSICIEN.

Dy hardiment ce que tu as à me dire, puisque cela m'est de telle importance.

LE LVTH.

I'ay crainte que vous ne me mesprisiez dabord, & qu'adherant aux persuasions de ma mauuaise sœur, vous ne croyez que i'ai esté cause des maux que vous auez autrefois endurez: Toutesfois si vous n'auez point iouy de ce que vous auez desiré, vous supporter facilemét cette perte, & il vaut bien mieux rechercher ce que vo⁹ auez maintenát dás l'Esprit. Or si ie ne suis point capable moy seul de vous apporter de l'allegement, sçachez que si vous me voulez donner vne compagne, ie vous rendray entierement satisfait.

LE MVSICIEN.

Quand tu voudras i'accorderay ma voix auec le son de tes cordes.

LE LVTH.

Ce charme est assez agreable, mais ce n'est pas encore ce qui est necessaire. Il faut quelque chose qui soit hors de vous, & dont vous me puissiez faire obtenir la compagnie. Pour vous parler plus clairement, il faut me marier à quelque Instrument de ma sorte: Ie sçay que c'est mon bien, & que le vostre en depend aussi.

LA GVITARRE.

Les Luts s'accordent d'ordinaire auec d'autres Luths: Cettuy-cy veut estre marié auec vn de sa sorte; Fuyez ce scandale mon Maistre, ie sçauois bien qu'il auroit ce mauuais desir, puis qu'il est d'vn pays où plusieurs

K

sont soupçonnez de l'amour masculin. S'il faut marier quelqu'vn en vostre famille, ie vous prie que ce soit moy. Vous sçauez que ie suis desia en âge d'estre pourueuë, & moy qui suis femelle ie ne vous demande qu'vn masle : Mariez moy auec vn cistre ou vn violon.

LE LVTH.

L'on sçayt bien que la Guytarre est vn instrumét imparfait, qui ne sçauroit s'accorder auec les autres, & qui fait plustost des concubinages que des mariages. Laissons là cette lubrique; Pource qu'elle a accoustumé de seruir aux basteleurs, elle ne se peut tenir de mesdire & de ietter ses calónies côtre moy, mais ie móstrerai bié que ie n'ay que des desirs honnestes. Si i'ay cóceu de l'affectió depuis peu, c'est pour vne ieune espinette de mes voysines que i'entédy fredóner l'autre iour de si bonne sorte que ie fus tout rauy. Ha, mon maistre, fauorisez cette alliance. Vous aurez le plaisir de me voir marié auec la Reyne de tous les instrumens de musique, ie ne sçay si vous la cognoissez. C'est à elle que l'on doit plus d'honneur qu'à la Lyre d'Orphée ny a celle d'Apollon.

LA GVYTARRE.

Cét importun sera t'il tousiours escouté? Ne sçauez vous pas bien, mon maistre, que si i'espouse le Cistre dont vous auez desia ouy parler, il vous en reuiendra vn contentemét parfait: Il est si riche, & si fauorisé des Muses, que ce vous sera vn bonheur de le voir au rang de vos domestiques.

LE MVSICIEN.

I'ay desia songé à ce que tu me dis, ma Guytarre, & toy mon Luth, vrayment, ie t'eſtime d'auoir eu le courage de mettre ton affection en vn ſi digne lieu, mais tu deurois auſſi t'imaginer que tu n'es pas en eſtat d'eſtre marié: Tu es mal monté au poſſible, la pluſpart de tes cordes ſont rompuës, & celles qui reſtét ſont fauſſes: Ta table ſe cambre, tes coſtes ſont fracaſſeés; il faut beaucoup de temps pour te reparer & te mettre en vn bon accord; car de t'aller preſenter à ta maiſtreſſe en l'eſtat que tu es, ce ſeroit te perdre entierement. Il n'y a ſi infame violon dont elle ne fiſt plus d'eſtime que de toy: L'on ne te iugeroit pas digne d'eſtre ſon valet, ou bien l'on te ietteroit au feu.

LE LVTH.

Veritablemét l'affaire merite bien que ie me mette en meilleur ordre que ie ne ſuis, & en cela vous m'ayderez, s'il vous plaist. Ie cõfesse qu'il y en a dans Paris de plus beaux & de plus harmonieux, mais c'est beaucoup que de vous appartenir, & si vous prenez la peine de parler pour moi aux parens de mon espinette, & de me presenter à elle de vostre main, ie ne doute point que ie n'obtienne la fin de mon desir.

LE MVSICIEN.

I'employray en cela tout mon pouuoir, mais outre qu'il faut songer à te mettre en bon ordre, il faut du temps pour t'oster les mauuaises habitudes que tu as pû prendre iusques icy. Ie t'ay presté à des hommes desbauchez, qui t'ont fait dire des paroles deshonnestes, & qui t'ont mené en serenade pour des personnes qui ne le valoient pas; Il faut estre purifié apres tant de prophanes occupations. I'ay ouy parler de la ieune Espinette que tu veux seruir; Elle est fille de bonne maison, & qui desire que l'on viue aupres d'elle dans l'honeur & dás le respect. Ie sçay bien qu'elle est encore Vierge, & qu'elle n'a iamais été touchee que des doigts mignards d'vne Nymphe a qui elle appartient. Tu ne luy pourrois pas estre agreable, si tu n'obseruois toutes les regles de la modestie; & puis que diroit de moy sa belle maistresse? Ne me sçauroit elle pas mauuais gré de t'auoir si mal instruit?

LE LVTH.

Ie confesse que ie ne puis vser d'vne trop grande preparation pour la recherche que ie veux faire: Ma belle Espinette refuseroit de chanter auecque moy si ie n'estois en bon accord, & si ie ne sçauois chanter d'autres airs que ceux que i'ay appris depuis peu.   Au lieu de mes chansons d'yurongnerie, il ne faut plus dire que des chansons d'amour. O parfaite & diuine espinette, i'y suis assez disposé; ie n'auray plus desormais de corde qui ne soit téduë pour vôtre seruice. Bien que ie sois absent de vous, ie vous aime autant comme si vous m'estiez presente. Quel plaisir ce sera si ie vous espouse vn iour: Nous produirons ensemble vne harmonie merueilleuse. Les doux accords qui naistront de nous deux, seront les enfans de nostre mariage: Mon maistre en sera charmé, & possible vostre belle Nymphe y prendra du contentement.

LA GVYTARRE.

Voylà donc le Luth qui s'asseure desia de la iouyssance, & moy ie demeureray telle que ie suis; Mon embonpoint se passera, & personne ne voudra plus de moy.

LE MVSICIEN.

Ie ne refuse pas de te pouruoir, mais prens aussi le soin de te mettre en bon estat. Oublie toutes ces chansons dissoluës, que tu as apprises pédant le Carnaual, & que tu as chantées à nos farces. Il faut qu'vne personne de ton sexe soit pudique dans ses actions & dans ses paroles. Celuy que tu demandes pour mary veut vne femme vertueuse, & qui ne soit point Coquette.

LA GVYTARRE.

Ie veux bien me ranger dans la modestie, & m'y mettre mesme iusqu'à l'excés, mais i'ay peur que cela ne soit inutile, car i'ay ouy dire qu'il est ordoné que vous ne marierez que l'vn ou l'autre de nous deux, tellement que si le Luth espouse sa maistresse, ie ne seray que la seruante de cette belle Espinette.

LE MVSICIEN.

Pour vous parler franchement à tous deux, cela n'est pas encore arresté; Ie verray ce qu'il sera le meilleur de faire.

LA GVITARRE.

O mon cher maistre, ie ne me veux donc plus plaindre: Ie me rapporte de tout à vostre iustice; vous auez autant de pouuoir sur nous que les Dieux ont dessus les hommes; mais arriue ce qui pourra, i'aymeray tousiours mon Cistre.

LE LVTH.

Et moy i'aymeray tousiours mon Espinette.

GAZETTE

De Naples le 1. Feurier 1643.

CHACVN s'appreste icy de bonne heure pour les galanteries du Carnaual; L'on ne sçauroit trouuer assez d'ouuriers pour faire des habits de masque, en telle sorte qu'vn Cheualier de haute noblesse estant mort depuis quelques iours, ses heritiers n'ont pû encore se vestir de noir, les Tailleurs trouuans plus à gagner, & plus de bannieres a faire à des habits de bal & de ballet, qu'à des habits de dueil. Les plus deuots pretendent corriger ce luxe par leurs remonstrances, mais auec tout cela il s'est trouué vn homme que l'on a autrefois estimé libertin, & qui maintenant fait mine d'estre fort fort bien conuerty, lequel a dit qu'il donneroit vn tres-bon aduis pour reprimer la gourmandise, l'yurognerie & toutes les autres desbauches de Caresme prenant, par toute la Chrestienté, afin que cela n'apportast plus tant de scandale, à quoy l'on ne luy a sceu dire autre chose de mieux, sinon que s'il le faisoit, il seroit digne d'vne grande loüange: Mais comme il a esté inuité à decouurir son secret, il a dit qu'il n'en sçauoit point d'autre sinó, d'abolir tout à fait le Caresme, & de faire toute l'année esgale, d'autant qu'alors le peuple ne s'efforceroit plus de manger en vn seul iour autant qu'en plusieurs, & de gouster par excez des plaisirs dont il alloit estre priué quelque téps. L'on a trouué ce remede pl°

perilleux que le mal, & les plus iuditieux en peuuent chercher la raison.

De Rome le 3. Feurier 1643.

Le Pasquin ancienne Statuë des Romains, à qui peut estre l'on a autrefois offert de l'Encens & des Sacrifices, s'est aduisé de se plaindre depuis peu de ce que l'on le fait seruir à porter toutes les calomnies, les iniures & les medisances de toute l'Europe, & s'est creu obligé de requerir qu'il eust des Commis dans les places les plus celebres des autres Villes Capitalles, specialemēt dans la Ville de Paris qui fait souuent parler d'elle, à Rome afin qu'il fût soulagé d'vn si grand fardeau: Mais l'on luy a fait entendre que sans qu'il fust besoin d'attacher des placards au Coin des ruës, c'estoit alors la mode en France pour ceux qui estoient le plus du monde, d'auoir tousiours leurs poches garnies de libelles & de Vaudeuilles, specialement depuis que l'on auoit crié sans feinte, *le grand Pan est mort*; & que l'on auoit chanté, le Rondeau, *Il est passé*.

De Venise le 5. Feurier 1643.

Les Seigneurs les plus magnifiques de cette ville, ayans ouy parler du Cours de Paris plus beau mille fois que ce luy de Rome, ont entrepris d'en dresser vn semblable, faisant auec leurs gondoles, ce que l'on fait là auec les Carrosses; Ils font accommoder pour cét effet vn grád Canal desgarny de Ponts, où les gondoles iront queuë à queuë en plusieurs rangs bien peintes & bien dorees, & à chassis ouuers, pour mettre les Dames & leurs galands, afin qu'en passant & repassant plusieurs fois, ils se fassent voir les vns aux autres; mais il y a eu quelques ialoux qui y ont formé opposition. Nos gondoliers estans asseurez du grand nombre des cochers de Paris qui surpasse le leur, ont esleu quelques vns d'entre eux pour Deputez par deuers ce celebre corps pour les saluer comme Confreres.

Vn pauure Creade d'vn Escuyer de Naples pensant faire icy quelque profit, a voulu enseigner à monter à cheual au fils d'vn de nos Nobles, & l'auoit mené en terre ferme pour s'exercer. Il le fit monter sur quelques degrez de pierre pour le mettre en selle plus facilement, mais si tost qu'il fut esloigné, son cheual qui estoit fougueux luy donna tant d'exercice, qu'il s'écria que l'on le remist à bord vistement. Vn vent s'estant leué alors il craignit la tempeste, &

creut que les bóds du cheual estoient l'effet des Vagues. Son manteau s'estant aussi releué par dessus sa teste par vn souffle impetueux, il dit que l'on abaissast le voile, & qu'il auoit trop de vent, tellement que son maistre voyant sa timidité consentit à le tirer de là ; mais il ne voulut pas descendre au lieu où il estoit, craignant de se perdre ; Il falut le remener au mesme lieu où il estoit môté, parce qu'il croyoit que ce fust là le port. Si la Noblesse de Paris s'accoustume à aller en Carrosse, comme elle en prend le chemin, au lieu qu'autrefois elle n'alloit qu'à cheual. Il est à craindre qu'a la fin elle ne soit aussi neuue à ce mestier que nos Venitiens, tellement qu'elle ne se moquera plus de nous. L'on dit pourtant qu'entre ceux qui n'ont pas le moyé de nourrir deux cheuaux dans cette ville où le foin est si cher il y a tousjours quelque honneste homme qui va à cheual par les ruës, & que tous les petits commis soliciteurs & maquignons de malletoste y vont encore pour la commodité de leurs affaires : Neantmoints pource que l'on tient qu'ils trouuent vn tel embarras de Carrosses & de charettes qu'ils sont tous les iours en danger de se rompre les iambes s'ils n'ont quelque adresse particulieres, l'on publie icy qu'ils doiuent apprendre à faire le manége entre roües, deux & nostre Escuyer Neapolitain s'imagine qu'il reussira mieux à leur enseigner cét exercice, qu'à instruire nos venitiens, mais il est à croire que l'vsage leur en apprendra plus que son art.

De

De la Haye en Hollande le 7.
Fevrier 1643.

La Demoiselle au groin de cochon s'estant promenée par toute l'Europe pour trouuer mary, sans en auoir rencontré à sa guise, l'on luy auoit conseillé d'aller chercher quelqu'vn des compagnons d'Vlisse chez l'enchanteresse Circé pour auoir vn mari de sa sorte, mais elle ne s'aime pas tant elle mesme dans l'estat où elle est, qu'elle vueille auoir vn amant qui luy ressemble. Enfin estant arrivé icy vn jeune Danois, il a esté charmé de son riche douaire, & luy a fait les doux yeux; Il a soûpiré pour elle, & elle a grogné pour luy. Il luy a enuoyé des gands de frangipane, mais elle lui a fait sçauoir qu'elle n'en vouloit

L

point s'ils n'estoient parfumez de bouë & de fumier, & du plus fin excrement : Nonobstant cette sale humeur leurs amours ont continué. La Demoiselle ayant esté mariee a esté instruite à de plus ciuilles coustumes. Il y a mesme icy vn Operateur qui lui fait tremper tous les iours son groin dans vne certaine eau tiede par l'espace de deux heures, asseurant qu'enfin cela le ramollira de telle sorte, qu'il le pourra repaistrir pour lui donner la forme humaine, & s'il fait cette belle operation, il est asseuré d'vne recompense de mille pistolles par contract passé pardeuant les Notaires Derlinghen & Vanwatkrans. Tout ce qu'il y a à craindre, c'est que lorsque la Demoiselle aura ainsi changé de forme les parens mesme ne la reconnoistront plus, & vn grand oncle qui n'ayant point d'enfans l'auoit faite son heritiere pourra reuoquer son testament. Neantmoins les portraicts que l'on fait d'elle maintenant, & ceux que l'on en fera alors, l'enrichiront encore assez, pourueu qu'elle obtienne le priuilege de les faire grauer elle seule, ainsi qu'elle pretend. En attendant toute sa chábre est pleine de portraicts des plus beaux visages de France, d'Italie & d'Allemagne, non seulement afin que l'imagination lui fasse conceuoir des enfans semblables, mais aussi afin que celui qui a entrepris de lui reformer le visage, prenne là vn modelle des traicts les plus accomplis.

De la Rochelle le 7. Fevrier 1643.
Le poisson de la Mer Adriatique, dőt le portraict a esté autrefois ven-

du fut le Pont-neuf auec si grande solemnité, n'auoit rien de si merueilleux que celui que l'on a pesché depuis peu en nos Costes; Il auoit trente-cinq pieds de long; sa langue estoit faite comme vn dard; sa teste monstrueuse estoit garnie de deux oreilles qui sembloient estre deux canons; ses nageoires estoient faites comme des drapeaux & enseignes de guerre alors qu'elles s'étendoient, & au lieu d'escailles il estoit tout couuert de pointes qui sembloient estre des fers de pique, & des bouts d'espee. Sa queuë estoit en forme de deux hallebardes croisees. L'on ne vid iamais rien de si horrible! Les grands filets des pescheurs où l'on l'auoit arresté quelque temps furent bien tost rompus, & il se fut eschappé si l'on ne l'eust retenu par vn gros anchre que l'on lui jetta dans la gueule en guise d'ameçon. Le bruit qu'il a fait a bien autant espouuanté que sa veuë, joinct que les poissons ont tousiours esté tenus pour muets; car cettui-cy menoit plus de bruict que vingt Elephans, & le cry qu'il faisoit sembloit estre vn son de tambours & de trompettes tout ensemble. Le peuple s'est fort effrayé ayant apprehendé la continuation de la guerre dont il croyoit que ce fut le signal: Mais comme ce Monstre estoit fort consideré sur la Greve, il s'est metamorphosé soudain; Le dard de sa lague s'est changé en faucille, les canons de ses oreilles sont deuenus des escritoires; ses nageoires sont deuenuës des plumes, & la pointe de ses escailles s'est radoucie; les hallebardes de sa queuë sont tombees sans violence, & le bruict qui sortoit de sa gueule s'est appaisé. Cela nous a tous resioüis, nous faisant croire que c'estoit vn presage de la paix, & que les Lettres auroient leur regne au lieu des Armes, auec l'Agriculture & le Cômerce. L'on auroit enuoyé ce poisson à la Foire Saint Germain pour gagner de l'argent à le monstrer, n'estoit que ce n'est rien qui ne l'a veu en toutes les deux formes.

De Paris le 14. Fevrier 1643.

L'on fait en ce païs cy tant de pieces funebres, qu'il semble que nos Autheurs ne vueillent plus trauailler que pour les morts. La plus grande Eglise de l'Europe ne seroit pas capable de contenir tous les Epitaphes que l'on a faits depuis deux mois pour vn mesme homme, & si l'on dit qu'à sa mort il a fait des miracles, faisant parler les muets, & faisant cheminer ceux qui ne bougeoient d'vne place, il y faut adjouster celui d'auoir fait en vn moment quantité de Poëtes. Mais aussi voit-on bien qu'ils ne sont que depuis peu d'vn tel mestier, estans si mauuais Poëtes, qu'il n'y a rien de remarquable dans leur poësie qu'vne haine impitoyable qui s'adresse aux morts, lesquels ne leur peuuent plus nuire. Ils nous importuneront trop à la fin, si l'on n'impose silence à leur caquet, & si l'on ne les punit de leur temerité.

L'on dit aussi que dans peu de mois le Recueil de pieces venu de Flandres, lequel ne se vendoit pas moins de vingt-cinq ou trente escus, sera au prix de vingt-cinq ou trente sols, & qu'au lieu qu'il y a eu vn téps que si vn Imprimeur ou Libraire qui en eust esté trouué saisi, eust esté en

L iiij

danger d'aller estre exposé en lumiere en place publique, il y auroit bien tost vne liberté entiere de l'imprimer & de le vendre, si ce n'est qu'enfin l'on veuille reprimer le trop grand abus qui s'y pourroit glisser.

Il y a ici vn homme qui ayant consideré la grande reputation que les Carrosses François ont par toutes Nations, a voulu raffiner sur l'inuention commune pour nous enseigner à aller par la ville à moindre frais que l'on ne fait d'ordinaire. Il luy a semblé superflu de voir en beaucoup d'endroits des hommes aller tous les jours seuls dans leur Carrosse trainé par deux cheuaux, tellement qu'il pretend remettre en credit les Carrosses tirez par vn cheual, comme la mode en auoit esté trouuee il y a plus de quinze ans, & la premiere inuention des Carrosses houppez ne vient que de là, ayans esté faits ainsi pour estre plus legers. Il veut donc en auoir vn certain nombre, & en establir vn Bureau sous la permission du Roy, afin de les loüer à ceux qui desireront aller commodement par la ville ou aux champs, croyant que cela aura encore plus de vogue que les chaizes qui sont au coin des ruës. Il espere auoir de cela vn grand reuenu, & s'attend mesme que les particuliers qui en voudront faire faire pour eux lui payerõt quelque droict; mais les Dames s'opposent à cette inuention, refusant d'aller dans cette sorte de Carrosses, où l'on a trop peu d'entretien, pource qu'il y tient trop peu de personnes, & d'autant aussi qu'ils ne leur semblent point assez beaux pour s'y faire voir, & pour aller paroistre dans le Cours. A cela, l'Ingenieur a trouué cet expedient de les faire fermez, vitrez & garnis de rideaux, & mesme de volets tournans ou glissans, pour ceux & celles qui n'y voudront pas estre veus, afin d'y faire des amenez sans scandale aussi bien que dedans nos chaizes, tant pour la Conciergerie, que pour autres lieux soupçonneux; Et sur ce que l'on a dit que tels Carrosses sentoient vn peu la charrette ou la cariolle à l'antique, & que cela auoit du rapport à la petite charrette du soldat estropié qui demande l'aumosne au Cours, ioinct que le luxe du Siecle ne permettroit pas que l'on ne se seruit toujours que d'vn cheual, il a dit que les deux limons se desmonteroient, & quand l'on voudroit l'on y pourroit mettre vn timon pour deux cheuaux, & mesme que n'y demeurant qu'vn cheual, l'on pourroit faire que l'on n'y vit point vn cheual entre deux bastons, comme aux chariots, charrettes ou tombereaux; & pource que quelqu'vn lui a reparti qu'il n'y en en falloit point mettre du tout, vn autre obiecta que sans cela le cheual seroit guidé mal-aisément, de sorte que l'Ingenieur soustenant qu'il y falloit vn limon au moins, il y eut encore difficulté pour sçauoir s'il le deuoit laisser à droit ou à gauche; Mais pour terminer tous ces differés apres auoir resvé quelque temps, & confessé que l'on l'embarassoit vn peu, il asseura l'assistance qu'il auoit vn secret infaillible pour faire que le train de ses Carrosses ne fut point si difforme, comme l'on se l'imaginoit, & que puis que l'on estoit en peine de quel costé il mettroit le timon au lieu des deux limons, qu'il le feroit passer par le cul du cheual pour le faire sortir par la bouche, & que par ce moyen le cheual ne manqueroit pas d'estre bien guidé.

La jalousie & l'interest ayans de tout temps aiguisé les esprits, quelques-vns voulans proteger les chaizes dont l'on se sert par les ruës, ont declaré qu'ils sçauoient bien que l'on se plaignoit que cela estoit de trop de despense, d'autant qu'il falloit deux hómes des plus forts pour les porter, & que quelqu'vn auoit dit dans la Cour, Que c'estoit des littieres portees par des Mulets Chrestiens; Qu'ils auoient donc entrepris d'en faire de roulantes qu'vn homme pousseroit deuant soy comme vne broüette, & que si l'on leur vouloit promettre d'applanir les ruës ils en feroient qui iroient par ressorts, que celui qui seroit dedans feroit iouer lui seul en tournant vne simple maniuelle; ou bien qu'en frappant contre terre d'vn baston, elles glisseroient comme font les traisneaux de Flandres sur la glace; Que pour faciliter cette voicture, ce seroit vne chose fort commode de faire deux chemins diuers à costé de chaque ruë en forme de deux parapets, l'vn baissant d'vn costé, & l'autre de l'autre, pour ceux qui voudroient aller de l'vne ou de l'autre part, afin qu'ils y pussent glisser sans peine, & tres promptement; Que de telles chaizes ou traisneaux seroient rendus capables de porter plusieurs hommes, & que ce ne seroit pas comme nos chaizes vulgaires où deux hommes sont mal-aisément portez, tellement que l'on en fait ce conte; Qu'vn de nos Religieux s'y faisant porter tous les iours pour aller prescher quelque part, vouloit qu'à chaque fois son frere y fut porté auec lui, & que les porteurs s'en plaignás, luy dirent, qu'il en choisit donc vn qui fut moins gros & gras que celui qu'il menoit d'ordinaire, à quoi ie ne sçai s'il satisfit. Tant y a que l'on a entrepris de remedier à tous ces inconueniens par les chaizes roulantes & glissantes, & l'on ne desespere pas de trouuer bien tost l'inuention d'en faire de volantes, ce qui sera fort cómode pour les voyages lointains: Et en attendant, l'on se pourra seruir de quelques chariots à voiles, qui sans estre traisnez par hommes ni par cheuaux, iront viste comme les Navires, pourueu que l'on ait soin d'applanir les chemins.

Nous ne manquons point d'autres inuentions celebres: Il n'y a iour que les coins des ruës ne soient chargez de tant d'affiches, que les dernieres offusquent & éclipsent les autres. L'on void partout des gés qui promettent diuerses choses. Les vns enseignent le Grec & le Latin en huict iours, & les autres l'Italien & l'Espagnol ; La Philosophie qui n'osoit autrefois sortir de l'Vniuersité court maintenant les marchez & les carrefours. Le Sire Fiacre se leuant du matin pour ouurir sa boutique, s'étonne des gros caracteres de l'affiche que l'on a attachee pres de sa porte, où il void que l'on va lire la Dialectique & l'Etique d'Aristote. Il ne sçait si ce sont Basteleurs ou Comediens venus de nouueau, qui iouënt quelque piece de ce nom, & à tout le moins aime t'il mieux s'aller engraisser aux trois cuilliers, que d'aller ailleurs apprendre à deuenir Etique. Pour ce qui est des maladies, il n'y en a point de si fascheuses que nos Operateurs ne tiennent durables; & ie croy qu'heureux seront ceux qui pourront viure iusqu'à l'année 1650. pource qu'entre tant de beaux esprits qui sont maintenant, lesquels sont si fertiles en rares inuentions, il ne se peut faire qu'il n'y en ait quelqu'vn qui trouue vn secret pour ne point mourir.

Du Bureau establi en la Galerie des Merciers pour les Gazettes recreatiues, le 14. Feurier 1643.

NOVVELLES

NOVVELLES DE DIVERS PAYS,

apportees par vn Courrier sçauant & veritable.

De Copenhagen le 7. Auril 1643.

LA flotte que le Roy de Dannemarc auoit enuoyee il y a deux ans, pour tenter le passage des Indes Orientales & de la Chine par le Nord, est arriuee depuis quatre iours, & le Capitaine Carles Rosthimberg nous en a fidellement rapporté le voyage, & asseuré que l'Isle de Groenland que le Capitaine Mons. auoit inutilement cherchee en son ancienne place il y a

M

plusieurs annees par le commande-mandement du Roy, est maintenát sous le Pole Arctique, où au lieu d'vne nuict de six mois, que le vulgaire croit deuoir estre, en cet endroit, ils n'ont trouué qu'vn iour perpetuel, pour ainsi dire: Puis que la grande refraction y fait paroistre le Soleil sur l'horizon long-temps auant qu'il y soit, & long-temps apres qu'il s'en est retiré; outre que les crepuscules y sont de telle duree, que la fin de l'vn est le commencement de l'autre: De sorte qu'au lieu d'vn Hyuer continuel, & d'vn froid insupportable, que iusques icy on a creu deuoir rendre ce climat inhabitable, les habitans y iouïssent tousiours d'vn tres beau iour, & d'vn agreable Printemps, qui leur fait en tout temps trouuer des fruicts dessus les arbres, & des fleurs de toutes façons, des œillets hullots, des roses de canelle, des Martagons Pomponio, des Anemones, doubles rouges, Chalcedoniques, Superis doubles, Violettes gris de lin à fonds blanc, incarnadines, Peluches tannees, Couronnes Imperiales à trois estages, Tulippes, Precoces, Duchesses, Brancion, Blandos, Braqueliere, Bosseuel, Suisse de Portugal, Iean Sime, Brabançonne, Guesbise, Doilemant, Olias, Palletot de sot, drap d'or & drap d'argent, & mille autres sortes de pannachees, bordees, & de basses couleurs: En vn mot, la terre d'elle mesme y est si fertile, que sans aucun labeur elle leur raporte beaucoup plus de commoditez, que les meilleures Prouinces qui sont en nostre cognoissance ne peuuent faire auec tout le trauail des hommes. De sorte que ces peuples font tous les iours des prieres à Dieu d'arrester leur Isle flottante, de crainte qu'elle ne retourne en son ancienne place, ou en quelque autre encore pire.

De Gotthemberg le 17. Avril 1643.

Quatre mille Imperiaux ont esté forcez en la ville de Vuestbourg par vne Compagnie de cent Lappes seulement que le Capitaine Rosterin a amené depuis peu de la haute Lapponie. Mais ce n'est pas chose estrange que cent hommes, pour ainsi dire inuulnerables, & qui par la vertu de certains Caracteres ou Talismans se garantissent des coups d'espee & de mousquets, en puissent passer quatre mille par le fil de l'espee. C'estoit vne chose esmerueillable de voir ces assaillans n'auoir pour toutes armes que deux petits poignards, auec lesquels, apres auoir seruy comme d'eschelles pour monter sur les ramparts aussi viste que des escureuls, on les voyoit venir à l'assaut de tous costez, & tuer plus de gens par la seule reflection & par le bond que faisoient sur leur peau les coups de canon & de mousquet qu'on tiroit incessamment sur eux, que s'ils eussent eux mesmes tiré les coups dont ils estoient vainement frappez. C'est la premiere execution qu'ils ayent encore faite, & si l'on ne trouue d'autres armes offensiues & deffensiues contre cette sorte de gés, il est à craindre que leur Prince auec cette poignee d'hommes inconnus ne se rende bien tost le Maistre de toute l'Allemagne.

Du Camp de Vuermeist le 19. Av. 1643.
Le braue & genereux Comte de

la Routte a esté miserablemét blessé d'vn coup de pertuisane au dessous de la mamelle gauche en vne sortie que les ennemis ont fait la nuict passee de cette forte Citadelle, dont les hautes murailles, encores qu'elles n'ayent qu'vn poulce & demy d'espaisseur, ont desia soustenu plus de deux cés mille coups de canon, pour estre comme on tient basties d'os de Lyons, puluerisez & destrempez auec du sang de bœuf, & crespies de moüelle d'Elephants. Mais d'autant que sa presence est absolument necessaire dans le Camp, il a seulement enuoyé sa chemise tainte de son sang au Docte Medecin Crollius, qui par la vertu de son onguét simpathique ne manque iamais de guerir ceux dont il traicte les habits ou les linges, pourueu qu'il y ait du sang, les malades & les blessez fussent-ils à cent lieuës de luy. Ce secret n'est pas vn des plus petits qui se soient descouuerts de nostre siecle, & qui nous doit faire esperer ce qu'vn grand Chymiste de ces quartiers nous promet il y a dix ans; que par la simpathie les femmes conceuront de loin, & qu'il ne sera pas besoin d'oresnauant de s'approcher de si pres que l'on fait pour faire des enfans. Ie ne sçay si celles de vos quartiers luy en auront grande obligation: Mais les nostres l'ont pensé brusler deux ou trois fois dans son estude auec ses liures, & sans ce qu'elles luy ont souuent rompu ses fourneaux & ses alãbics, il nous asseure que son eau seroit faite. On la pourroit auec bien plus iuste raison appeller eau de vie que celle qui en porte le nom, puis qu'en frottant le nombril d'vne femme seulement elle auroit la vertu de former vn Embrion dans le vase ordinaire.

Du Cap de Nord le 3. Avril 1643.

Il y a quatre iours qu'vn vaisseau de six cens tonneaux vint icy moüiller l'ancre; Sa structure, son équipage, & la forme de ses cordages & de ses voiles nous ayant fait cognoistre d'abord que c'estoit quelques estrangers qui n'estoient iamais venus dás nos costes, nous leur fusmes offrir tout ce qui dependoit de nous, soit pour les prouisions de bouche, soit pour la reparation de leur vaisseau que la tempeste auoit fort agité, & presque tout ruiné. D'abord nous en trouuasmes cinq ou six sur le tillac couchez sur l'vne de leurs oreilles, comme sur vn fort bon mattelas, & tous couuerts de l'autre comme d'vne grande couuerture de Catelogne, tant elles estoient longues. Et ce qui nous surprit dauantage, fut de leur voir au lieu de peau de grandes escailles veluës. Au dessous du premier ponteau nous en trouuasmes d'autres qui n'auoient qu'vn gros œil au milieu du front, & d'autres qui n'auoient qu'vn seul pied capable de les mettre à couuert du Soleil ou de la pluye. Leur truchement qui sçauoit la langue Matrice, par le moyen de laquelle on entend toutes les autres, nous dit que c'estoient des Ambassadeurs de l'Isle de Nova Zembla que leur Prince enuoyoit au Duc de Moscouie pour quelque establissement de commerce, & que la tempeste & les montagnes de glace qu'ils auoient trouuées dans la mer les auoient obligez de relascher au premier port. Nous n'eusmes pas peu de contentement de voir ces visages estranges : Mais ce qui nous estonna dauantage, ce fut qu'en plein iour ils ne voyoient quasi goutte, & que dans la plus grande obscurité de la nuict, sans lumiere & sans feu ils lisoient continuellement dans des liures dont les fueillets estoient d'vn verre lumineux, & qui plioit aussi facilement sans rompre, que fait le parchemin ; Ce qui nous ayant donné la curiosité de nous informer de leur truchement ce que ce pouuoit estre ; Nous apprismes qu'en leur païs, où les nuicts durent quelquesfois des deux & des trois mois, il n'y auoit ny bois ny graisse pour les esclairer : mais qu'en recompense ils auoient vn secret de composer auec des escarboucles calcinees, des diamants broyez, des opales puluerisees, & quantité d'autres drogues luisantes & diafanes, vn certain verre malleable, qui dans la plus grande obscurité de la nuict rendoit autant de lumiere & de clarté que nos flambeaux, & que leurs meubles & leurs liures qui sont faits de cette matiere les esclairent assez pour ne leur point faire desirer le iour & le retour du Soleil. Si nous auions de ce verre en Europe, l'on espargneroit bien du suif, de la cire & de l'huile, & ie m'asseure que les lunettes que l'on en feroit vaudroient bien autant que celles de Gallilee.

De Tauris en Perse le 6. Avril 1643.

Les Ambassadeurs du grand Roy de Mogol estant icy venus presenter au Sophi 4000. Elephans que leur Maistre luy doit tous les ans de tribut, y ont esté fort solemnellement receus, & pour tesmoignage de l'affection que sa Majesté luy porte, elle leur a fait voir ses admirables grottes, dans lesquelles par le seul mouuement de l'eau toutes sortes d'ouuriers, les vns de bronze, & les autres de marbre, trauaillent en perfection à toutes sortes d'ouurages; Quantité de beaux tapis à la Turque, force belles peintures, vn nombre infini d'horloges, & des portraits au naturel, & tout ce que l'art & l'industrie des hommes animez se peut imaginer de plus rare s'execute admirablement dans ces grottes artificielles; où sans bruit & sans confusion l'on voit chaque artisan par des ressorts & par des cheutes d'eau faire la besongne qu'on luy apporte auec tant de diligence & d'adresse, qu'on diroit plustost que ce sont des esprits familiers que des corps insensibles & inanimez qui trauaillent à ces ouurages. L'inuenteur de ces grottes acheue maintenant la statuë d'vne fort belle femme, composee de toutes sortes de metaux alliez ensemble en certaine proportion, qui par les mesmes mouuemens de l'eau parlera toutes sortes de langues, & respondra sur tous sujets & de toutes sciences fort à propos & fort eloquemment ; Elle ne parle encores que les langues Orientales, & sçait fort peu de Grec & de Philosophie : Mais on ne doute point qu'estant paracheuée elle ne fasse tout ce que l'autheur en promet. Tous les iours le grand Seigneur s'entretient d'amour auec elle, & l'on craint qu'il ne s'en picque par trop, & n'en deuienne si passionnément amoureux, que ne pouuant trouuer dans l'insensibilité de ses membres autre satisfaction que celle de la voix il n'entre au desespoir, & ne rompe cette merueille. Il y a desia quantité de malades & de curieux qui se preparent à luy faire des questions pour en auoir des ordonnances & des responses: Mais comme il a fallu commencer cet ouurage Talismanique sous vne certaine constellation, aussi ne doit il estre finy que par vne autre. On croit que c'est au moment que le Soleil entrera dans le solstice de l'Esté prochain. Cela nous fait bien voir que ces peuples Orientaux nous surpassent de beaucoup en inuentions, & que c'est de là que nous viennent les arts & les sciences aussi bien que le Soleil que la plufpart adorent.

Des Isles Fortunees le 14. Auril 1645.

L'on doit bien tost celebrer les

Nopces du Prince de Madere, qui par sa valeur indomptable a retiré la Princesse Euthimie de l'Isle des Phœnomenes, où depuis quarante ans elle auoit esté detenuë par les enchantemens du grand Demogorgon. Le lieu de sa demeure & le Palais qu'elle habitoit estoit si riche & si superbe que tout ce que la fable sçauroit s'imaginer est moindre que la verité. C'estoit vne Isle parfaitement ronde, d'enuiron 4000. pas de diametre, autour de laquelle les vagues d'vne mer d'eau de nasse se venoient rompre contre des escueils de porphyre tous garnis de balustres d'or, & de dix en dix pas il y auoit sur des colomnes de cristal de grandes & belles statuës de saphirs, d'ametistes, de rubis, d'émeraudes, & de toute sorte de pierres precieuses; & parmi ces belles figures il y en auoit vne qui pleuroit inceſſammét des perles; & dit-on qu'elle eſtoit compoſee des larmes petrifiees que l'Aurore auoit autresfois reſpanduës pour Cephale. Au dedans de cette belle Iſle il y auoit vn parfait hexagone fortifié ſelon toutes les maximes d'vne fortification reguliere, les dehors en eſtoient d'émeraudes, les contr'eſcapes de lapis, le fond du foſſé de cornaline, les murailles de jaſpe, & les remparts d'vn excellent rubis. Chaſque baſtion eſtoit gardé par vingt-cinq licornes, aux flancs il y auoit des leopards de ſable, armez & lampaſſez de gueule, & ſur le nombril des courtines des lyons enragez, & la ſeule porte qu'il y auoit eſtoit gardee par vn Suiſſe Sauuage, d'vne taille fort eſtrange & prodigieuſe. Au milieu de cette citadelle il y auoit vne groſſe tour ronde de trente-

trente-cinq pas de diametre, & de cinquante de hauteur, d'vn seul diamant taillé à facettes, dans laquelle estoit si miraculeusement enchassée cette pauure Princesse, que n'y ayant aucune ouuerture en la pierre, il a fallu de necessité qu'elle y soit entree auec penetration de dimensions, où ne receuant aucunes mauuaises influences de l'air, & n'estant point sujette aux corruptions des Elements, elle ne receuoit aussi aucune alteration en son temperament, & la jeunesse & sa beauté se sont entretenuës en leur premier estat malgré le téps & les rigueurs de sa captiuité; Dont enfin elle a esté retiree par ce genereux Cheualier, apres la perte de tant d'autres que le courage, & le dessein d'vne gloire immortelle auoit fait hazarder, mais non pas reüssir aussi heureusemét que celui-cy, qui voyát

N

la tour reduitte en poudre par vne pluye de sang de bouc, a si vaillamment combatu les gardes de la citadelle, que malgré leurs efforts il en a deliuré cette belle Princesse, qu'il doit solemnellement espouser pour vne iuste recompense de sa valeur, puis qu'elle en auoit esté le sujet.

D'Amsterdam le 23. Avril 1643.

Le Capitaine Vosterloch est de retour de son voyage des terres Australes, qu'il auoit entrepris par le commandemét des Estats, il y a deux ans & demy. Il nous rapporte entre autres choses qu'ayant passé par vn destroit au dessous de celuy de Magellan & de celuy du Maire, il a pris terre en vn pays où les hommes sont de couleur bleuastre, & les femmes de verd de mer, les cheueux des vns

& des autres de Nacarat & ventre de Nonnain. Mais ce qui nous estonne dauantage, & qui nous fait admirer la Nature, c'est de voir qu'au defaut des arts liberaux & des sciences qui nous donnent le moyen de communiquer enséble, & de descouurir par escrit nos pensees à ceux qui sont absens, elle leur a fourny de certaines esponges qui retiennent le son & la voix articulee, comme les nostres font les liqueurs. Desorte que quád ils se veulent mander quelque chose, ou conferer de loin, ils parlent seulement de pres à quelqu'vne de ces esponges, puis les enuoyent à leurs amis, qui les ayant receuës, en les pressant tout doucement en font sortir ce qu'il y auoit dedans de paroles, & sçauent par cet admirable moyen tout ce que leurs amis desirent; Et pour se resioüir quelques fois ils enuoyent querir dans l'Isle Cromatique des concerts de Musique, de voix, & d'instrumens dans les plus fines de leurs esponges, qui leur rendent estant pressees les accords les plus delicats en leur perfection.

D'Angoulesme ce 26. Avril 1643.

Ce Gentil-homme François qui fut autrefois pris pour le Dieu de la Charante est arriué depuis deux iours en meilleur equipage qu'il n'estoit alors, & a amené quant & luy cet esclaue François, qui pour auoir genereusement tué de sa chaisne ce superbe Espagnol qui vouloit contester auec luy de la gloire de sa nation, a eu la liberté pour recompense, outre quantité de presens que luy a fait le Roy de Marroco. Tous deux sont venus remercier leur historien de l'honneur qu'ils ont receu de luy, l'vn de sa bonne reception en sa maison, & l'autre d'auoir esté si hautement exalté dans vn liure, fait pour l'eternité, & dont il doit estre autant parlé que du Iugement de Michel Ange. En faueur dequoy il leur a promis de faire des volumes entiers à leur loüange, où ses plus critiques ennemis aduoüeront à ses admirateurs qu'il se sera autant surpassé luy mesme qu'il a de coustume de surpasser les autres. Nous en pourrons voir le memoire dans le Catalogue des liures de la foire de Francfort en l'annee 1648.

Du Bureau des Postes estably pour les nouuelles heterogenées le dernier iour d'Avril 1643.

RELATION EXTRAORDINAIRE venuë du Royaume de Cypre.

Contenant le veritable recit du Siege de Beauté.

Et les estranges faits d'armes exe-cutez en cette belle entreprise.

Par Dom Gynophile Prince de Paphos, General des Armées de Cytheree, &c.

Vis que vous auez desiré, cher Agathon, de sçauoir l'employ de nos Armes depuis que nous sommes partis de Gnide, & les progrés que nous auons

faits sur les ennemis de nos libertez, & les tyrans de nos vies, ie vous donneray ce contentement d'vn stile simple & net, mais veritable : Vous apprendrez donc que nostre braue General le Prince Gynophile, ayant eu aduis qu'il y auoit quelque place dans le païs qui faisoit mine de ne vouloir pas recognoistre la souueraine puissance d'Amour nostre inuincible Monarque, ny souffrir garnison de sa part, il donne aussi-tost le rendez-vous à toutes ses trouppes; Et faisant trois corps de son armée, il ordonne pour commander l'auantgarde le Colonel Grand-honneur, auec les Regimens de Reuerence, Ciuilité, & Complimens ; Met sur les aisles les escadrós de Bonne mine & de Beau-jeu, faisant marcher à la teste les Doux regards pour enfans perdus, conduits par le Capitaine

Respectueux. L'artillerie estoit de six pieces de campagne portás boullets d'Asseurance de Fidelité. La bataille fut ordonnee de cette sorte : Le Colonel Accort eut la droite, auec ses Regimens d'Offres, de Seruices, Loüanges & Cajolleries, soustenus des escadrons de Protestations, Rauissemens & Resveries estudiees. Le Mareschal de Belle-humeur, celuy de Familiaritez, & ceux de Ieux & de Bons-comptes, soustenus des escadrons de Pieces noúuelles, Chansons follastres & Railleries, eurét la gauche. Ce corps conduisoit au milieu douze pieces d'artillerie, tant coulevrines que bastardes de calibre pour esbranler la Creance, & estonner la Circonspection.

Quant à l'arriere garde, où son Excellence mettoit ordinairement ses meilleures trouppes, elle fut ordonnée en cette façon : Premierement marchoit à la teste le bataillon des Coleres amoureuses, soustenu à gauche & à droite de Transports & de Desespoirs, ayāt sur leurs aisles & marchant sur mesme ligne les escadrons de Souspirs, Plaintes, Impatiences & Langueurs, & pour corps de reserue, Reconciliations, Repentirs & Submissions. Dans ce corps inuincible estoient conduites vingt pieces de batterie portās boulets à sermens horribles pour renuerser toutes sortes de doutes & redoutes, parapets de messiance, & flancs de chasteté. Il y auoit pour Sergens de Bataille, Faintises & Dissimulations; Et pour Aydes de Camp, Galanteries en actions, Fanfaronneries en discours, Vanité en bonnes fortunes, Deferances en idolatrie, & Liberalitez en bagatelles. Nostre

Prince portoit d'ordinaire vne escharpe verte, pour symbole de l'esperance qu'il auoit de venir à bout de ses entreprises. Les Drappeaux, Cornettes & Estendars de l'Armée n'auoient qu'vne seule deuise, à sçauoir vn bras aislé, & au dessous ces mots : *Ie prens bien mon temps, & mesnage bien les faueurs.*

Voilà l'ordre auquel nostre Armée marchoit, faisant plustost paroistre de la pompe que de la terreur. Elle parut à la veuë de Beauté, place de grande consideration, où nostre General croyoit treuuer le magazin des delices, & l'arsenac des voluptez, fort desirez de toute l'Armée, & où plusieurs conquerans auoient trauaillé sans les pouuoir gagner. L'ingenieur Hardy fut enuoyé recognoistre la place. Il apprit que toute sa force estoit au dehors; il s'enquit de l'ordre de la garde, & de toutes ses defenses, & sceut qu'elles auoient grand rapport à la methode moderne de fortifier ; dont l'experience sembloit auoir instruit la Dame du lieu, en sorte qu'elle estoit imprenable d'abbord ; Que l'attaque dependoit de la prudence, & que quand par les approches on auroit mieux recognu la foiblesse de la place, il faudroit tascher de s'en preualoir.

Apres cela nostre Armée s'aduance, enuoye l'Introduction son premier trompette, pour dire de sa part que la renommee de la Maistresse de la Place l'obligeoit à cette visite, que ses pretentions n'auoient pour but que l'acquisition de sa bien-veillãce, laquelle il venoit luy demander, & luy offrir en mesme temps la sienne, auec sa protection dont il luy donneroit des asseurances, comme il en esperoit de sa part auant que se retirer. Surquoy ayant pour response veu paresstre hors de la contr'escarpe deux bataillons, recogneus l'vn pour la Froideur, & l'autre le Mespris, on iugea bien du peu de bonne volonté de la Dame. De sorte qu'ayant fait aduancer ses enfans perdus, le Capitaine Respectueux fit assez bien. Mais il fallut faire donner promptement Reuerence, Ciuilité & Complimens, qui ne peurent pourtant esbranler, ni rien faire perdre du terrein de Resolution à la Froideur & au Mespris; Et sans ce que nos escadros de Bonne-mine & de Beau-jeu leur donnoient à penser par leur bonne conduite, nostre auant-garde estoit deffaite. Nos pieces d'Asseurance de bonne volonté dónerent bien quelque atteinte à leurs bataillons. Mais leur Maistre de Camp l'Indifference *du siege de la Beauté.* 235

les remit en sorte qu'il se sallut retirer auec ce peu d'auantage d'auoir esté veus de la Dame de Beauté en estat de gens de cœur.

Aussi-tost nostre Armée campe, chacun prend son poste le plus pres qu'il peut. Nostre General picqué de cette resistance & du desir de la Beauté, qui luy sembla tres-bien fortifiée selon les reigles, & dans vne belle situation, propose d'y faire encor vn'effort auec son second corps d'Armée, esperant d'emporter la place, ou du moins qu'il se logeroit mieux, & plus auantageusemét, se trouuant à l'heure sur vn terrain fort dur & raboteux nómé Inquietude. Les Sens ses premiers Mareschaux de Camp, approuuerent sa resolution, sur laquelle il donna ses ordres, tellement que le iour suiuant dés le matin Esprit adroict &

Accort auec Belle-humeur font auancer leurs trouppes ; Offres de Seruice, Loüanges & Cajolleries donnent par vn costé, Familiaritez, Ieux & Bons comptes par vn autre : Ils sont bien soustenus de nos escadrons, & trouuans encor Froideur & Mespris, les taillent en pieces, font main basse sur leur Maistre de Camp l'Indifference ; Suiuans leur poincte iusqu'à la demie lune d'Obstination, la persent, & malgré la Retenuë & Circonspection qui la deffendoient entrent & se logent dans le fossé de la Complaisance. La Dame de la place eut beau faire iouër son canon d'Incredulité, nos pieces de Perseuerance logees sur vne éminence nommée Persuasion le demonterent, de sorte qu'ayant fauorisé nostre retranchement, nous touchasmes bien tost les deux plus forts bastions de la place, qui se trouuerent bien remplis, fermes, & de forme ronde. Nous continuasmes heureusement nostre trauail sans estre veus des flács bas de la Preuoyance. Voylà les auātages de nostre seconde attaque, sur laquelle voulant sçauoir les sentimens de la Dame, son Excellence luy fait parler le trompette de sa passion qui demanda ouuerture pour luy, & la somma de se rendre, & de le mettre en possession de la place, à cause du merite de ses peines, & des fruicts qu'il se pretendoit digne de receuoir pour le salaire de ses tourmens, & le payer en somme de tous les frais de la guerre, lui protestant que si elle lui refusoit plus long-téps sa recompense, il estoit resolu de hazarder iusqu'à sa vie, & la laisser aux pieds des murailles de la Rigueur, & qu'enfin il la prioit instamment d'acorder ses plus cheres faueurs à vn auanturier passionné, plustost que de s'obstiner à vne ingratte resistace.

A cette proposition la Dame témoigne de la colere, proteste de mourir pour la conseruation de l'hõneur de la place, allegue la honte qu'elle receuroit de plier sous vn vainqueur qui ne doit rien pretẽdre sur elle : Toutefois qu'en cas d'alliance, apres les seuretez requises & necessaires on se pourroit accommoder; Autrement qu'il n'en falloit point parler, ayant sujet de craindre qu'apres la reddition de sa forteresse cet auenturier trop audacieux n'en rasast les fortifications aux despens de sa reputation ; & ne la laissast en proye à l'insolence de ceux qui sçauroient le peu de resolution qu'elle auroit tesmoigné, & le peu de resistance qu'elle auroit fait, ce qui la feroit

feroit mespriser de ceux qui auoient pretendu autrefois à sa conqueste.

Cette responce prise pour refus, nostre General se resolut de iöuer de son reste. Il donne ordre à vn assaut general, sans y oublier son arriere-garde. Il la fait auancer promptement. Le bataillon de Coleres amoureuses marche le premier, il est repoussé: Transports, Desespoirs, & Feintes langueurs donnent aussi: Mais estant veus par les defenses de Soupçons de Perfidie, d'Inconstáce & Legereté, sans nostre artillerie, dont les boullets à sermens terribles briserent toutes ces defenses, nos bataillons estoient deffaits. Mesme estans persecutez de grenades à main de seueritez, il fallut enfin auoir recours aux bombes pleines d'artifice, de baisers, & douces violences; par le moyen desquelles on

O

mit le feu à quelques endroits de la place, tandis qu'on preparoit les Engins pour la breche. Sur tout nos escadrons de Plaintes & de Souspirs mettant pied à terre firent des merueilles. Ils s'emparerent absolumét de la fausse braye de Compassion, iusqu'au pied de la courtine: De sorte que la Dame se voyant abandonnée de tout secours, & qu'à force de bras on estoit desia monté plus haut que la jarretiere, fit enfin son dernier effort, pource qu'elle se rencôtra sur vn terrain vn peu glissant à cause de l'humidité de quelque rosée de larmes, elle tóba. Au mesme téps on gagna iusqu'à la breche, qui se se trouua raisonnable, & où nostre General eut l'honneur d'entrer le premier. Sa generosité pleut mesme si fort à la Dame en ce desordre, qu'elle aduoüa la satisfaction qu'il y auoit d'estre soumise sous vn si braue vainqueur, & se resolut de receuoir ses loix aussi volontairement, qu'elle y auoit resisté pour ne sçauoir pas le plaisir qu'il y auoit d'obeïr de la sorte. Apres cette prise, la fureur des Armes cessa. Le Silence & la Discretion Capitaines entendus mirent ordre par tout: tellement que peu de temps apres il ne parut aucunement de la violence qui auoit esté faite à la Dame de Beauté, qui s'estime maintenant heureuse de gouster les fruicts de la paix par vne perpetuelle alliance faite de bonne foy entre nostre Prince & elle.

LETTRE D'VN CHEualier Gaulois à d'autres Cheualiers de haut lignage, & de grand proüesse, qui alloient cherchant les auantures par le Monde.

AVX TRES-EXCELLENS Belliqueux, Inuictissimes, & Insuperables Cheualiers, le Prince de Trebisonde, le Comte Lyndamor, & Dom Arnaldus.

Salut, honneur, victoire & triomphes.

CE m'aist Dieu, beaux Seigneurs, moult estes gracieux & courtois quand estant dans si grosses besoignes, cóme ores vous trouuez, de cettui vostre Cheualier auez daigné vous ressouuenir, & me donner preuues si nottoires de vostre benignité & bon vouloir, que oncque ne sera en ma puissance de le pouuoir desseruir. Or jaçoit que de moult grand temps vous ayes toushours honnorez & seruis, moult outragieux serois si par cette seule vostre lettre ne m'en tenoye ja moult bien payé, & grand niceté seroit à moi si ie cuidois vous en pouuoir rendre remercimés condignes. Or voudrois-ie, beaux Sires, qu'il m'eut cousté le meilleur Chastel que oncques ie conquis, & que loisible me fut de moi bouger de cettui lieu, pour vous aller dire moi mesme mon pensemant sur ce, & le ressentimant que i'ai de l'honneur que à moi vostre homme lige auez voulu faire; Par mon chief, riens ne me retiendroit que ie ne prisse hui les galops, & irois vers vous de tel randon, que ainçois qu'il fut heure de None aurois cheminé plus de cinquante lieuës Angleches, & me rendrois auant qu'il fut Vespres dans voſtre Oſt. Auſſi bien quand ie ramentois comme eſtes ſur le poinct de ferir ſur ennemis, & de vous parmi eux meſler, ſi que à toute heure il m'eſt aduis que d'ici i'oy la noiſe de la bataille, le hannir des cheuaux, le froiſſis des lances, le chappelis des armes, & le martelis des eſpees, ic me hontoye moult du remant à par moi, & me tiens à honny & recreant Cheualier, quand ie ne puis en celle achoiſon eſtre pres de vous, & là en voyant vos actes cheualeureux, & vos beaux faits d'armes me parforcer à les imiter, & moi rendre digne de l'accointance de tels preud'hommes. Ores que le joli mois de Mai renouuelle toute chose créee, & que tout noble cœur se sent espoindre du desir d'armes & proüesses faire, vous cheminez par monts & par vaux gorgiasemant armez iusques aux dents, tenant vos glaiues és poings, & les pannoyant entour vos chiefs, ores vous polissant en vos armes, ores vous affichant és estriers, ne songez qu'à lances briser, percer escus, & d'esmailler auberts; cheminez par nieules & par bruines, à l'ardeur du Soleil, & au rai de la Lune, mangez moult petitement, & mauuaisemant dormez, vous leuant souuentefois ains qu'il soit bien adjourné, pour mettre vos corps à peine & à trauail, à dangier d'estre destranchez à mains de gloutons, & d'estre felonneusemant occis, là où, ie las & chetif en cette

Cité par enchantemant mauuaisemant detenu, passe les iours enterins à moi sollacier & desduire auec gentes pucelles plus blanches que fin albastre, mis à poinct de fin vermeil; Ores nous ombroyant soubs vertes feüillees, ores en plaisans vergiers nous esbattant, & tantost nous esbanoyant en riches festins, où toutes guises de mets nous sont seruis, & toutes sortes d'ospiceries; Et les vnes fois quád de tels bobans suis recreu, & qu'abondance de soulas m'a fait desirant de solitude, ie me retrais à l'orriere d'vn bois, ou sur la claire riue d'vne fontaine, & là assis sur l'herbe tendre & menuë ie me delecte à voir en ioyeuses chronicques les faits & gestes des anciés Cheualiers, les hautes aduantures qu'ils ont mises à chief, & les perilleuses questes qu'ils ont entreprises pour los &

amour de leurs amies acquerre. En cette maniere ie vis sans mesaises, destourbier, ny destrainte de quelconque chose, me couchant lors que meilleur me semble, & me leuant à l'heure que plus me plaist, sans estre oncques esueillé de bruit de buccines, trompettes & cors Sarrazinois. Or, Seigneurs Cheualiers, combien cet estat de vie est angoisseux, ie ne doute mie que bien ne le iugiez, car trop mieux que moi sçauez que riés tant ne poise à gentil cœur comme oisiueté, & moins gréue trauail que musardie, & de ce aduiendra sans faille qu'apres que de ce siecle seray sorty oncques nulle mention de moi ne sera faite, non plus que se ie fusse esté vn Cheualier de Cornoüaille; Et de vous au rebours quand de cette vie tetrienne yssirez, en retrouuerez vne autre imperissable és registres &

memoires des hommes. Liures infinis en toutes langues resonneront vos beaux faits & proüesses, & aurez nom à iamais perpetuel, laquelle chose (& de ce ne doubtez) est de prix infiny, & tel que trop cherement ne la pouuez vous acheter, quand mesme pour ce de bras & de iambes seriez mehaignez, & qu'en auriez les testes fenduës iusques aux yeux. Partant, beaux Seigneurs, ie vous alloüe que vous regraciez Fortune qui en point vous à mis que tout hault bruit & exaltation pouuez acquerre, & pourtant ne me tourniez à blasme, si en cettui lieu plus long-temps ie demeure où force d'enchantement & necessité de destin me retient.

Pour nouuelles, ie vous mande que Messagiers sont icy venus de maintes parts, qui apporté nous ont que depuis peu ès marches d'Itale s'est fait le plus beau faict d'armes qui oncques arriua depuis que Cheualier ceignit espee. Or debuez vous sçauoir, beaux Seigneurs, que en icelle terre du long du fleuue que les Gregeois appelloient Eridan, qui moult est roide & parfond, estoit descendu vn Geant depiteux & felon; Cettui accompagné d'vne gent moult noire & de couleur de suye, mais aspre, fiere, & oultragieuse, pilloit, degastoit & desertoit le païs, si que c'estoit vne hydeur; Et apres maints outrages auoit iuré qu'il prédroit à force vne Damoiselle qui Casalie est nommee, moult prisee & cherie de ceux du païs, & de maints grands Seigneurs d'estrange terre desiree, cóme celle qui est de moult beau visaige, & bien adressee de tous ses membres, si auenante & de si plaisant regard, que c'est vn desduit à regarder. Or l'auoit le felon promise à son Seigneur le Souldan des Iberiens qui pieça dés long-temps la conuoitoit pour la mettre en seruage, & lui tollir son honneur, ainsi comme il a fait de mainte autre que le Geant a mis en sa baillie, dont il a pris les vnes à viue force, & plusieurs par barat & mal engin; car de telles Damoiselles conuoiteux est le Souldan à demesure; si que l'en dit que toutes les desire, & oncques n'en pourroit estre assouuy. Or l'auoit le Geant à tout son ost en telle guise assiegee, que pas ne sembloit qu'il fut au pouuoir humain de lui en quelque maniere porter aide. Moult tendremāt ploroit la pucelle, moult fort se demenoit, se destordant & guermentant duremant, comme celle qui à grand meschief estoit, mais de ce riens ne lui valoit, & de nully n'estoit secouruë, car les Seigneurs du païs pas n'auoient la force ne le hardemant de durer contre le Geant; Tant qu'à chef de piece le Chevalier Féé aux vermeilles cognoissances, qui tout oyt, tout sçait & tout peut, a oüy de loin les piteux cris de la chetifue dont fut moult dolant & courroussé en son cœur, car il aime la pucelle par bonne amour & sans villenie, seulemant pour la fráchise d'elle garder, & d'autrefois de tels meschiefs l'a deliuree: Iceluy en donna aduis à l'inuincible Chevalier, qui porte d'azur à trois fleurs d'or, qui de long-temps a pris la Damoiselle à sa garde; Ces deux ne purent pas tirer celle part pour estre à cettui point embesongnez en vne grosse guerre qu'ils menoient dans le païs qui autrefois appellé estoit la

Silue Carbonniere, & maintenant communemant est dit le pays de Flãdres, si qu'ils aduiserent entre eux par bon cõseil de mãder à ce secours vn preux & belliqueux Cheualier, qui de tel hardemant est, que oncque chose tant dangereuse put estre ne luy sembla difficille à mener à fin: Cettui de tous est nommé Harcuriel des Isles perilleuses, & a esté ainsi appellé pour vn moult grand fait d'armes qu'il fit en vn pays de mer si perilleux & si estrange, qu'à tousiours mais en sera fait mention : Icelui à tout la caualerie qu'il pût trouuer alla donner sur l'ost du Geant, qui mie ne s'en doubtoit; Là y eut moult cruelle bataille, si que l'en dit que depuis l'assemblee qui se fit entre Sidrac & Tantalon au couronnemant du Roy Bradifer oncque on ne vit si haulte prouesse exploicter, si grands coups d'espée ruer, ne de si beaux coup de lance ferir. Au desfinemant la desconfiture tourna sur les gloutons, & contrarieté aduint au Geát qui combatit à tel meschief, que toute sa mesgnie fut mise à occision, & lui tellement attourné, que les maistres qui l'ont veu, dient que d'hui en vn an ne sera en estat de porter armes, & que de moult grand temps n'aura talent de Damoiselle vilener, ne leur faire outrage. Or beaux Seigneurs à Dieu vous commande, qui vous doint pareille fortune, & suis,

Le tout vostre, le Cheualier incogneu.

AVTRE LETTRE.

Au tres-gentil, tres-preux, & tres-noble Cheualier de l'Isle inuisible, le Cheualier incogneu.

Mande salut sans nombre, & amour sans fin.

SIRE Cheualier, pas n'eusse cuidé que de si obscur manoir cóme cil où vous estes peussent issir dits si illuminez, ne de sa dure prison parolles si gracieuses; Ie me suis embattu à voir la lettre qu'escrite auez au gentil & renómé Comte

Comte, vous desbourdant auecques luy, & vous iure que oncques mais ne vis escrit qui tant me pleut, ne qui plus me parut de preud'homme; Et en ce appert vostre grand hardement, & le hault cœur qui en vous repaire, quand de cette vostre mescheance en nulle riens ne vous esbahissez, & ne laissez pour ce de dire gabs & loyeusetez. Or est-il vray que pieça ie haïssois sur toute rien le Geant Picolapiron pour estre de trop orgueilleuse nature, & trop bombantier en ses faits; Mais ores d'autant plus ie le maudis dés l'heure que oncques de mere fut nay: Car par luy & pour son pourchas trop sont de maux auenus, & si combat par tel art, que ceux qui encontre luy en estour osent se presenter, sont par lui laidement navrez, affolez ou occis; & ceux qui ne s'y treuuent sont en noires chartres detenus. Ce maist Dieux, beau Sire, cettui est le plus fier enchantement dont i'ouïsse oncques parler, & qui plus a fait douter. Planté de preud'hommes y a, qui moult ont grand talent de vous aider en cette vostre besogne, & pour moi il n'y a chose au Siecle que tant desirasse; car plus cher aurois à deliurer vn si faitis Cheualier, que de conquester le Royaume de Logres. Mais de cettui fait nous deportons, pour sçauoir que nous n'y pouuons commeriens, & que cette emprise est reseruee à vn puissant Cheualier qui porte vermeilles cognoissances. De cettui est ores grand bruit par le monde, & dit-on qu'il fait d'armes comme à sa volonté, & que depuis le temps du noble Roy Arthus il ne s'est trouué si rude jousteur comme icelui est: Car nul ne s'est encôtre lui esprouué qu'il n'ait ietté ius des arçons, & souuentefois renuersé Cheualier & cheual tout en vn mont. Cettui mainte haute auanture à finie, & cette autre encore finira, si que deuez esperer qu'à chef de piece & en brief, vo9 tirera du Chastel enchanté, car pas n'auez deseruy d'y estre trop longuement, & se en riens par le passé auiez mesfaict, ce n'est en chose qui vous doiue ahontir, & petite penitence y affiert. Ce neantmoins si par meschief ou aucuns destourbiers plus long temps estiez detenus que ne cuidons, de ce en riens ne vous esmayez, car il ne vous en peut chaloir. Bien vous peut souuenir que le gentil Roy Amadis, le noble Empereur Esplandian, & maints autres apres auoir esté plusieurs Siecles és prisons de l'Isle d'Argenes, en sortirent sains & dehaits, aussi ieunes & aussi frais

P ij

qu'entrez y estoient; Car le bon Alquif qui moult sçauoit d'experimét, fit par ses coniurations que le temps qui tant est isnel pour toutes creatures, n'auoit comme point eu de cours à leur endroit, & en riens ne les auoit endommagiez: Or il ne peut estre qu'estant noble, & cheualeureux comme vous estes, bien parlant & loyal en bien aimer, bien auenant, coint & faitis Cheualier, il vous manquast quelque bon enchanteur en cette achoison, qui le mesme secours vous donnast, & en auriez vn ou deux sans faille, en maniere que quand ne pourriez issir du Chastel que d'hui en cinquante ans, vous en issiriez jouuencel comme estes maintenant, & sans aucuns seul poil de barbe, non plus gueres que en auez. Qui seroit chose moult rare & plaisante à voir. En de mantiers tout le temps que demourez illez, loisible vous sera les vnes fois de iouer aux tables, les autres de harper & chanter Laiz plaintifs, & vne fois le iour de parler tout hault à par vous, vous dolousant & lamentant de Dame Fortune, qui de tous hommes temporels se iouë, en cet encombrier vous a ietté, vous esloignát de vostre amie, car c'est ainsi si bien m'en souuient qu'en souloient vser tous les preud'hommes qui en tel cas se sont trouuez. Atant, beau Sire, à Dieu vous commande.

LA GAZETTE
HETEROCLITE

De Naples le trente-troisiesme de May 1643.

Ostre Vice-Roy fait vn armement nouueau par ordre de sa Maiesté Catholique; l'occasion en a esté prise d'vn Capitaine de marque, qui se vante de faire auec vn petit nombre de soldats plus qu'on ne peut esperer d'vne grosse armée : il ne veut que deux cens hommes pour prendre vne forte place, pourueu qu'on n'y plaigne pas les frais d'vn équipage à sa mode: il leur donne à chacun vn Pantalon de frize verte, auec des sonnettes aux cuisses, aux iambes & aux bras pour mieux surprendre leurs ennemis, & faire croire que tout leur dessein n'est que mommeries; mais par dessous il leur fait prendre des armes Fées à l'espreuue du canon, & le casque de mesme, deux bandoulieres passees en sautoir, l'vne chargee de poudre à canon composee de la mesme matiere que le foudre de Iupiter, & l'autre de balles faites de pierres de tonnerre, empoisonnées de telle sorte, qu'ayant passé au trauers du corps l'on n'en reschappe point; Auec cela ils ont chacun vn moulin à bras dans vne pochette, & dans l'autre la viz d'Archimede inuentee à Rome par vn excellent Mathematicien, pour vuider en vn instant l'eau des fossez qu'ils trouuerõt

P iiij

remplis; leurs mousquets ont des culasses artificielles qui les font porter plus de mille pas de point en blanc, & leurs canons iusques à vne lieuë, de maniere qu'on appelle cette compagnie des ingenieurs inuulnerables. L'on dit que Bapaume en tréble desia durant qu'ils consultent s'ils passeront le destroit de Gilles le Bastard pour y aborder.

De Rome le second Jeudy de la semaine de Quasimodo 1643.

Il y a quelques iours que comme on foüilloit pres les fondemens du Palais du Duc de Bassanelle, entre plusieurs belles pieces qu'on y trouua, qui nous font regretter tous les iours l'ancienne magnificence de cette capitale du móde, on y deterra vn grand marbre de couleur de feu, presque aussi grand que l'eguille de S. Pierre, c'est à dire d'enuiron cent cinquante trois palmes, & large à proportion, chargé d'vne belle inscription de caracteres Gothiques, grans comme nature, meslez de Hieroglyphiques Ægyptiens qui en rendent l'explication vn peu difficile. Tout aupres il y auoit vn tonneau de vin d'Ay relié à l'antique, auec des cerceaux triangulaires, & vn grand coffre de fer, auec vn cadenas à lettres, qui ayant esté ouuert par vn intelligent, nous a fait voir les anticailles qu'il resserroit, dont voicy la liste.

Vne paire de lunettes de Galilee, des plus excellentes dont se seruoit Saturne lors qu'il demeura caché quelque temps au païs Latin, par crainte qu'il auoit de la persecution de son fils.

Vn cornet de papier bleu remply de graine de ces laictues sauuages qui engrosserent Iunon quand elle en mangea au festin que luy fit Apollon dans le Palais de Iupiter.

Le pucelage de Venus.

La peau de Marsias auec sa flûte à deux tuyaux, & son flageolet, & la harpe d'Apollon qui le fit escorcher tout vif, pour auoir esté si temeraire que de luy presenter le deffy pour voir à qui chanteroit le mieux.

Vne pomme d'or potable de celles qui furent données par Venus à Hippomane pour amuser la belle Atalante quand il l'entreprit à la course.

Vne paire de bottes de Mercure auec les aisles au lieu d'esperons, & la chanson auec laquelle il endormit Argus de l'impression de Plantin.

Vne corne du Minotaure, &

quelques beaux Sonnets de sa façon en langue Italienne, qu'il composa dans le Labyrinthe.

Vne planche de cuivre où sont tirez au naturel tous les tôs de la Musique, pour resjouir, attrister, faire rire & pleurer celui qui les considere bien à propos.

Vne bouteille de fumee de celle que vomissoit Cacus, quand il fut tué par Hercules en sa cauerne, aussi fraîche & verdoyante que si elle venoit d'estre cueillie.

Vn morceau de ces chaisnes dont l'Hercule Gaulois enchaisnoit les hommes par les oreilles.

Qui en sera curieux, & des autres pieces tant en general qu'en particulier, peut enuoyer ses memoires auec bonne lettre de change.

De Venize le premier Mardy de cette semaine.

Ce n'est pas d'aujourd'huy que la Grece nous fournit de grands hómes pour les arts & pour les sciences: nous pouuons dire neantmoins si la nouuelle que nous venons d'en receuoir est veritable, qu'elle a fait en nos iours vne production toute extraordinaire & au delà de ce que nous en pouuions esperer. On escrit d'vn Serrurier de Durazzo qui a trouué la methode de faire des seruiteurs & seruantes de fin acier, lesquels estans garnis de ressorts faits à propos & selon ses principes obeïssét à tout ce qu'on leur commande, chacun suiuant son talent particulier; la commodité en est grande, car ayant pris vne couple de ces seruátes, l'vne

Heteroclite. 267

pour la chambre, l'autre pour la cuisine, on en aura pour long-temps, pourueu qu'on les defende de la roüille; Il les faudra fourbir de téps à autre, & sur tout ne les pas exposer à la pluye. Cet ouurier promet dauantage, & s'occupe à present à la recherche du moyen de les rendre vniuersels, en sorte qu'ils soient propres à tout, & s'est desia engagé d'en presenter vn à la Republique. Ceux de l'eschole d'Aristote luy veulent faire vn procez de ce qu'il donne le dementy à leur maistre, touchant la definition qu'il apporte des seruiteurs au premier des Politiques, les appellant instruments animez, &c. on sçaura ce qu'ils auront resolu en leur premiere Conference sur ce sujet. Quatre Marchands de dessous les Poles sont ici arriuez depuis quelques iours pour faire vn puissant party sur les neges & les glaces de ces pays, & nous en apporter telle quantité qu'il sera necessaire, & des meilleures, pour nous faire boire frais, & des plus fermes pour se conseruer long temps. Ils en ont cent cinquāte balles pour échantillon, qui estant exposees sur nostre port aux plus grandes ardeurs du Soleil, s'y maintiennent extremement bien par antiperistase.

D'Amsterdam le 7. Ieudy du mois passé.

Entre les Vaisseaux de nos voyageurs qui sōt ici retournés depuis peu de iours, il y en a deux qui nous ont rapporté merueilles; l'vn qui vient tout fraischement de l'Isthme de Californie, par la relation fidellement extraicte de son Iournal, termine le diferent des Géographes, qui n'ont

encores sceu determiner asseuremét
si cette Prouince ou portion de terre
est attachee au continent de l'Ame-
rique Septentrionalle, ou bien si elle
doit passer pour vne Isle de l'Ocean
Atlantique, car il nous asseure que
les grandes pluyes qui ont esté con-
tinuës en ce pays durant trois mois
ont tellement detrempé ses racines,
que non seulemét elle s'est detachee
de terre ferme, & a esté tiree hors
de sa place par vn regiment des plus
puissantes grenoüilles, mais de plus
que par occasion d'vn vent qui s'esle-
ua tout à coup, elle a esté poussee par
le destroit de Magellan iusque aupres de Sumatra en l'autre Hemis-
phere; les Habitans n'en sont pas autrement faschez, quoy qu'il fasse vn
peu chaud au climat où ils se trouuét
à present directement sous la ligne
Equinoxialle, aussi bien commen-

çoient-ils à se lasser des froids de leur premiere habitation, sans mettre en ligne de compte l'auantage qu'ils reçoiuent que leur pays soit au nombre des Isles flotantes. L'autre Vaisseau appellé S. Thomas apres auoir passé la nouuelle Guinee, & fait voile iusques par delà le Globe Elementaire, a découuert vn tres-beau pays à costé gauche de la Geographie; les arbres y portent des feuilles vertes, dont se nourrissent les habitans qui sont industrieux à merueilles; ils labourent la terre auec des moulins à vent qui se remuent de lieu à autre, & trauaillent d'eux-mesmes; ils ont pour commune l'inuention du verre malleable dont ils font leur monnoye, & toutes sortes de vases, grāds & petits; Ce Vaisseau en apporte sa charge, qui mettra la porcelaine au rabais, & diminuera sans doute le

prix

prix & l'estime qu'on fait de l'or & de l'argent, puis que cette matiere beaucoup plus belle & plus agreable n'est plus sujette à se casser. Les eaux courantes du païs sont si chaudes, qu'on n'y pesche que des brochets & des truites au court-boüillon, des tanches à l'estuuee, & des carpes frites; Les montagnes y ont dans leurs entrailles des mines si fecondes en toutes sortes de choses necessaires au mesnage, que les habitans y trouuét iusqu'à des chandelles toutes faites pour l'vsage, & pour negocier auec leurs voisins.

Extraict d'vne lettre escrite par vn Medecin spagyrique de Vilne en Brusse à vn curieux de coquilles le iour des Calendes Grecques.

Rien ne s'est icy passé en matiere d'estat depuis le dernier ordinaire qui merite de vous estre escrit, c'est pourquoy ie me contenteray pour cette fois de vous faire part d'vn estrange accidét arriué depuis quinze iours en la personne d'vn de nos Villageois, lequel estant en débauche auala par galanterie vn couteau de fer, long d'vn demy pied; la froideur naturelle de ce metal luy occasiona vne grande colique qu'il a souferte huict iours durant, sans aucune remise, iusqu'à ce que les Medecins du pays ayent eu loisir de faire consultation sur le remede qu'on deuoit apporter à vn mal si extraordinaire: Quelques-vns furent d'aduis qu'on luy composast vne medecine auec de la decoction magnetique, ou de pierre d'aimant, auec du *crocus martis*, comme il fut fait, mais auec peu de succez, car le remede ne fut pas assez puissant pour faire sortir ce couteau, de maniere qu'on estoit presque resolu de le trepaner par le nombril pour en faire extraction auec les ferremens, si on ne se fut aduisé de luy faire aualler vne grosse pierre d'aymant d'vne liure, qu'vn particulier exposa par charité pour garantir ce pauure malade; ce qui a reüssi fort heureusement, & pour le malade qui la rendit au bout de vingt-trois heures trois minutes auec le couteau qui s'y estoit attaché, & pour le curieux qui l'auoit prestee à cet effet, car il a recogneu par experience que sa pierre s'est tellement fortifiée en cette operation, qu'elle a dix fois plus de pouuoir qu'elle n'auoit auparauant: Si cette proprieté est particuliere aux trippes de ce païsan, il peut bien desormais aualler des couteaux en asseurance, car il ne manquera pas de curieux qui luy enuoiront des pierres d'aymát de tous les quartiers du monde. Ie ne vous dis rien de la cure admirable d'vn malade tourmenté du calcul astronomique qui a esté soulagé par vn recipé de tablettes tiré du liure intitulé *Tabulæ Mediceæ*, imprimé à Florence depuis quelques annees, car ie crois qu'on en sçait à present les particularitez en vos quartiers.

Du Camp des Tartares deuant Paquin trois iours deuant la prise de la ville.

On s'estonnera sans doute, comme nous auons peu aborder cette capitalle de la Chine pour l'assieger veu qu'elle estoit si bien remparée du grãd mur: Aussi estoit-ce vne entreprise presque inutille, si vn tremble-terre tout extraordinaire n'eut secondé nos intentions, & favoris nos desseins: Il y a bien trois semaines qu'il arriua, comme nous estions desia en campagne, & secoüa si rudement cette grande fabrique en sa plus foible partie, qu'il en abbatit vingt-cinq ou trente lieuës tout d'vn coup, & donna par ce moyen le passage à nostre armee, laquelle se campa aussi-tost deuant cette ville; Ceux du pays estonnez de la surprise ont fait vn gros d'armee, & se sont mis en deuoir de se defendre, & nous repousser s'ils eussent pû, mais auec peu de succez, car les nostres les ayāt attendu de pied ferme, il s'est donné vn grand combat à l'antique auec les balistes, les fondes, lances, jauelots, dards & fleches, & si furieux de part & d'autre, que les éclats en volerent iusqu'à la Sphere du feu, & en descendirent allumez, ce qui fit durer le combat toute la nuict, à la faueur de ces lumieres, & nous donna occasion de si bien ioüer des couteaux, qu'il demeura de nos ennemis plus de 300000 hommes sur la place, sans les morts, qui se trouuerent taillez & hachez si menu, qu'en trois iours les fourmis eurent tout emporté en leurs magazins : Apres cette déroute il a esté facile de composer auec ceux de la ville, qui nous la doiuent abandonner dans quatre iours, à condition que la garnison pourra sortir tambour battu, enseignes déchirees, mesche en cendre, chacun sa piece d'artillerie en croupe, & tous les bossus balle sur le dos; Il fera beau les voir en cet équipage; pour nous, apres vn si grand auantage, & la prise de cette place si importante, nous esperons que nous ne trouuerons plus rien icy qui s'oppose à nos genereux desseins.

De Paris ce dernier Samedy de la semaine prochaine.

Nous auons à present en cette ville vn Empirique Allemand arriué depuis trois iours pour le seruice du public, qui fait estat de remettre des yeux & des nez au naturel & pour l'vsage, & ainsi d'autres membres animez à ceux qui les auront perdus en guerre, ou par quelqu'autre accident; Il est tout chargé de memoires & de preuues des cures qu'il a fait en Allemagne, où il a mis en grande estime l'onguent sympathique pour les merueilles qu'on l'a veu operer auec ce secret, qui passent veritablement tout ce qui s'en est iamais dit; car pour guerir vn blessé il ne demāde rien qu'vn peu de ses cheueux, ou de la rogneure de ses ongles, moyen-

Q iiij

nant quoy il l'asseure de sa guerison, bien qu'il fut esloigné de cinq cens lieuës.

Cinq habitans de la Zone Torride se font voir au fauxbourg sainct Germain arrivez depuis deux iours, qui portent dans leur constitution les caracteres du climat de leur naissance, car ils sont si pleins de chaleur qu'ils n'esternuënt que des bombes, des mortiers, & des lances à feu, ne petent que des caques de poudre & de salpetre, & au lieu de roupies ont tousiours vne botte d'allumettes penduë au nez. Ils sont logez auec les Ambassadeurs du Globe Lunaire depeschez par leur Prince à tous les Potentats de ce monde inferieur, pour obtenir qu'on ne brusle plus icy tant de bois vert, car la fumee les incommode iusqu'à vn tel poinct qu'ils en sont offusquez en leurs maisons, & leurs grains dessechez auant que meuris dans les campagnes. Si on veut entretenir la paix auec eux, il faudra écouter leurs propositions, autrement ils se promettent de nous priuer pour iamais de la plaine Lune, afin de rendre nos nuits plus obscures, & ne nous la monstrer qu'en Croissant pour nous faire les cornes.

On escrit de Dijon qu'on commence à couurir les ruës auec des têtes de toile cirée, d'autant que l'Almanach promet à l'Equinoxe prochain vne telle pluye de moutarde en ce pays là, qu'on y gateroit tous ses beaux habits si on n'alloit à couuert.

L'autre nuict auant celle-cy quatre Sauuages du Cap Vert enleuerét la Samaritaine sur le cheual de bronze, qui se trouua là tout à propos, & sans doute qu'elle seroit desia bien loing, n'estoit qu'ils trouuerent en leur chemin le Messager de Lyon, auec bonne compagnie de braues Caualiers qui la deliurerent des mains de ces barbares, & la remirent en sa place le mesme iour peu du scandale.

Du Bureau des Postes extrauagantes estably pour les nouuelles estrangeres, l'an climaterique du Soleil.

RECIT MEMORABLE
du Siege de la ville de Pectus, par le Prince Rhuma.

LE redoutable Prince Rhuma est venu ces iours passez surprendre la ville de Pectus, vulgairement Poictrine, qui est vne des bonnes places du Royaume de Corpus. Il en fit faire les approches par le Colonnel Broüillard, soustenu par le Capitaine Vencoulis, & le matin au poinct du iour son armee se trouua campee, la place bloquee, les lignes acheuees. Le General prit son quartier dans le Cerueau, qui est vn gros bourg assez bien fermé de murailles, situé sur vn costau qui commande la Poictrine,

Le Comte de Catharre, & le Marquis de Fluxion se camperent à Bras & Iambes, qui sont de grands villages proches de là. Rhuma envoya reconnoistre la place par le Marquis de Pituite, qui rapporta qu'elle étoit aisée à batrre du costé des Poulmós, qui sont deux bastions vn peu foibles, & aussi-tost il fit dresser sa baterie de trois pieces de canon seulement, à sçauoir de la grosse Toux qui est vn gros canon qui porte quarante liures de flegmes, & du Hocquet & du Brichet, qui sont deux petites pieces de campagne qui tirent sans cesse depuis le poinct du iour iusques à la nuict. Le Cœur Sergent Major de Poictrine ne s'estonna point: quoy qu'il sceut que le Côte de Catharre auoit fait le degast aux enuirons, & vouloit retrancher tout secours. Le Capitaine Foye qui étoit sanguin & prompt s'echauffe dans son harnois, & se resout de faire vne sortie; & pour cet effet le Capitaine Lancette fut commandé auec son Lieutenant la Seignée de donner au quartier du Marquis de Fluxion; Il se monstre courageusement, & sort tout ensanglanté de la place, puis fait vne retraite glorieuse & vtile, & vne heure apres il parut à la veuë des lignes. Cette hardie entreprise diminua les forces du Marquis, de sorte que le Duc de Boüillon qui s'apprestoit à secourir la ville de Poictrine, s'auança aisement auec vne armee fort leste, resolu de donner bataille, ou de forcer les retranchemens pour rauitailler la place : ce qu'il eust esté bien mal aisé à son auis de luy empescher. Le voylà donc qui prend l'auant garde, il donne la bataille à commander au Vicomte de Couple-d'œufs, & l'arriere-garde au Baron de Ptizanne. Boüillon voyant que Rhuma ne vouloit point abandonner les retranchemens, done teste baissee dedans, il passe, Couple d'œufs le suit, & Ptizanne apporte vn grand rafraichissement à la place: Quatre flegmes espions qui auoient suiuy le secours, furent pris dans la Poictrine, & furent aussi-tost iettez du haut en bas des murailles aprés leur auoir donné la question. Ce que l'on apprit d'eux, fut, que Rhuma est bastard de Rhumatisme, Pirate tres-cruel & tres horrible, qui surprenoit les hommes lors qu'ils n'y pensoient pas, & quant à luy qu'il estoit resolu de mourir deuant la place, ou de l'emporter, mais que si l'on pouuoit gaigner le Cōte de Catharre, & le Marquis de Fluxion, il faudroit necessairement qu'il leuast le Siege. L'on enuoya donc en leur quartier le Colonel Reglisse habillé en Curedent, qui parla au Comte & au Marquis, lesquels s'adoucirent vn peu : Apres on y enuoye le Caporal l'Establette vestu en muscadin. Ils trauaillerent tous deux fort adroictement sans se faire connoistre, & cependant la batterie ne cessoit point; on resolut de iouër à quitte ou à double, & se seruir de l'inuention de la fauorite du grand Ingenieur qui a basty tant de semblables citadelles appellee la Signora Natura, laquelle participe aux secrets de son Maistre souuerain. Elle proposa de noyer tout le Camp des ennemis, & faire par transpiration au trauers des Pores comme par vne espece de sueur, sortir du Camp du Cerueau, de la Poictrine, des Villages Bras & Iambes, & autres lieux circonuoisins si grande quantité de serositez, que la meilleure partie se trouueroit noyee. Elle trauaille, elle reüssit: tout le pays est en nage & par ces grands desordres, le Comte & le Marquis se treuuerent enseuelis dans les eaux: le Prince Rhume eust suiuy la mesme fortune, n'eust esté qu'il se trouua logé au plus haut du Camp, où il tint ferme, & garda son poste opiniastrement. Comme on vit qu'il ne vouloit point desloger, on fit vne mine dans vn petit vallon nommé Fondement, qui est à la porte de derriere d'vn petit Village nommé Ventricule, où le General auoit mis le magazin de toutes les munitions: Le Capitaine Laxatif conduit par le Capitaine Lauement se coulerent par cent chemins tortus, entremeslez les vns dans les autres, & comme ils trauailloient encore

encore à fureter pour chercher à surprendre l'ennemy, vn Soldat qui se nommoit la Tranchee fit iouer la mine; & tout d'vn coup on vid sauter Laxatif & Lauement qui furent surpris, & ne peurent se retirer, & auec eux cinquáte bariques de Flegmes, quarante mines de Pituite, deux poinçons de Bille poiracee, deux caques de Melancolie, & quatre cent mil liures de Cruditez. Le lendemain matin le General Rhuma leua le siege? la Poictrine grandement affoiblie de ses fatigues passees se resiouit auec ses amis Boüillon, Couple d'œufs, & la Ptisane, qui reparerent les ruines que la batterie de l'ennemy auoit fait à ses Bastions, dont la Gorge estoit vn peu endommagee; Enfin apres huict heures de repos, & les soins de la Princesse souueraine du Royaume de Corpus.

R

nostre ville de Pectus qu'elle iugeoit fort importāte se trouua en meilleur estat qu'elle n'estoit deuant le siege. L'on nous a voulu faire croire que le Prince Rhuma, & le Colonel Broüillard, ne se fians pas aux forces du Comte de Catharre & du Marquis de Fluxion, esperent d'obtenir le secours de l'Infante Apoplexie, pour emporter la place d'assaut; mais la Reyne de Corpus qui est estimée tres sage, fera to⁹ les efforts pour auoir l'assistance du Prince Regime, qui se conduit par vn Conseil d'Estat tres-iudicieux puisé dans des escholes plus certaines que celles des Empyriques & Charlatans, qui ne tendent qu'à la ruine des meilleures places qu'ils gouuernent.

LES AMOVRS DE VENVS.

Tirez de la grande Cronique des Dieux de l'antiquité.

TOVTES les choses d'icy bas estoient dans vn estat plus proche de la haine que de l'amitié, & de la confusion que de l'ordre, se trouuans mesme en danger de déchoir de leur perfection, lors que les Dieux qui habitent au Monde superieur eurent pitié de l'inferieur, & firent cheoir dans la Mer vne certaine liqueur qui fut receuë pres des bords d'vn rocher entre les herbes marines. Plusieurs s'alambiquent l'esprit pour trouuer ce que ce pouuoit estre, & en donnent d'estranges raisons; La pluspart disent que cela venoit de ie ne sçay quoy que le barbare & impitoyable Saturne auoit coupé à son pere Celus; & soit que ce fut l'effect d'vne telle cruauté, ou quelque operation misterieuse, tant y a que ce qui tomba alors estoit vn Elixir tiré de la quint essence la plus pure du Ciel; & quand cela fut meslé à l'escume de la Mer, il s'en fit vne production telle que de la rosee, au moins en ce qui estoit de sa couleur & de sa mollesse, mais qui auoit vn peu plus de chaleur. Petit à petit il s'en forma apres vne coquille de pur nacre auec son germe au dedans, laquelle se tint quelque temps fermée, ne s'ouurant qu'à de certaines heures pour receuoir vne nourriture celeste, & lors qu'elle fut en sa parfaite croissance qui excedoit la grandeur ordinaire des autres, elle commença de voguer sur les ondes. Ce n'est pourtant pas le naturel de ces corps solides & terrestres de voguer comme les nauires, ou les bateaux, mais tous les Poëtes demeurent d'accord que cettuy-là voguoit & nauigeoit, & l'on doit croire que les Nymphes Nereydes aidoient à soustenir cette nouuelle Nef. Que s'ils nous descriuent vne coquille toute ouuerte comme la moitié d'vne huistre à l'escaille, auec vne belle Deesse au dedans qui se tient droite sur ses ergots, & si les Peintres qui sont nos Poëtes muets en font de mesme le portraict, il y

R iij

peut auoir en cela de l'abus, d'autant que ces sortes de coquilles ne sont pas comme celles des conches & des limaſſons, qui sont simples, & qui ayans plusieurs replis ont dequoy cacher l'animal qui s'y trouue enclos. Celles-cy sont doubles, & la couuerture y est neceſſaire contre les inclemences de l'Air. Noſtre coquille miſterieuſe ayant donc nauigé ainsi, fut portee enfin au riuage de Cypre, & ce fut là qu'elle s'ouurit à moitié, & que l'on vid paroiſtre au dedans vn certain corps ayant l'apparence humaine, mais qui eſtoit diuin en effet, lequel s'y tenoit couché parmy l'eau marine, & de temps en temps faiſoit ſes efforts pour se releuer & pour sortir. Quelques matelots se trouuans là furent ſurpris d'admiration à l'aſpect d'vne si gentille creature, & luy voulant aider à ſe tirer de sa prison, connurent qu'elle y estoit attachée par le nombril, de sorte qu'il y en eut vn d'eux qui la detacha adroittement auec son grand cousteau, comme eust pû faire vn vendeur d'huistres, & voyant que c'estoit vne belle fille qui sortoit de là comme du ventre de sa mere, luy pensa ietter son gaban sur les espaules, mais ses compagnons s'opposerent à son dessein, luy remonstrant qu'il auoit tort de les vouloir priuer de la satisfaction de voir vn si beau corps tout nud. Dans cet instant les sacrificateurs de l'ayeule des Dieux furent touchez d'vne diuine fureur & sortans de leur Temple auec vn chariot attelé de quatre cheuaux blancs arriuerent bien-tost en ce riuage, où ils se prosternerent deuant la nouuelle Deesse, & luy ayant adressé leurs vœux la remenerent en

R iiij

triomphe jusqu'à leur Sanctuaire, où elle fit bien tost remarquer à chacun ce qu'elle estoit, n'ayant point besoin de nourrice ny de gouvernâte comme les enfans, & estant desia en âge d'estre mariee, quoy qu'elle ne vint que de naistre. Elle sçauoit parler & commander pour auoir tout ce qu'elle desiroit. Ses conseils mesmes estoient trouuez bons sur tout ce qui concernoit la vie agreable. La ioye que l'on receut de son arriuee miraculeuse dans cette Isle, fit, que tout le peuple s'escria par plusieurs acclamations, Que c'estoit vne Deesse toute puissante & toute charmante qui estoit venuë à eux; Qu'elle estoit venuë lors que l'on ne l'attendoit pas, & qu'elle estoit la bien-venuë, tellement que de là l'on luy donna le nom de Venus, qui luy est tousiours demeuré depuis. Le Temple de Cybele où elle estoit luy sembla assez spacieux, mais elle aspira pourtant à l'honneur d'auoir vn logis à part, ioint qu'elle estoit bien-aise de n'estre plus logee chez sa grand Mére, afin qu'elle ne controllast point ses actions. La demeure où elle se retira fut bien tost consacree pour vn Téple par les vœux, les submissions, & les adorations volontaires de quantité d'amans, mais il n'estoit pas permis à chacun de d'y voir tous les iours. Elle ne se monstroit pas aussi toute nuë à toute sorte de personnes. Enfin chacun la voyoit pourtant, soit en vn temps ou en l'autre, & tousiours l'on l'admiroit. Quelquefois elle auoit des habits si somptueux pour se couurir, que l'on ne sçauoit ce que l'on y deuoit estimer dauantage de la richesse du drap & des perles qui y estoient semees, ou de la de-

licatesse de la broderie, tellement
que si l'on comptoit quelque somme pour le Marchand qui auoit ven-
du l'estoffe, l'on pouuoit dire, autant
pour le brodeur. Lors qu'elle se
voulut habiller plus legeremét, elle
inuenta les toiles de soye & d'autres
estoffes si minces que quand elle les
auoit, l'on voyoit toute la forme de
son corps, & l'on pouuoit dire qu'elle estoit vestuë sans l'estre. Par ce
moyen toutes ses beautez & tous ses
charmes pouuoient estre estimez
fort visibles, & comme elle se rendoit adorable aux mortels, & ayma-
ble aux immortels, tous les Dieux
aspirerent à l'honneur de ses bonnes
graces, & il n'y en eut aucun qui ne
souhaitast de l'auoir pour femme ou
pour maistresse. Ceux qui habitoiét
sur la terre, & la voyoient iournelle-
ment, pensoient que conuersant

parmi eux, elle s'arresteroit à leur amour; mais elle les iugeoit indignes de ses premieres affections, pource que la plufpart estoient des Faunes & des Satyres & autres Dieux ou Demi-Dieux Chevrepieds, dont la figure estoit hydeuse & desagreable. Ils auoient beau faire des capriolles deuant elle en joüant de la chalemie lors qu'elle alloit promener dans les bois; Cela n'estoit point capable de luy plaire, & de la faire aller dans leurs cauernes, où ils l'inuitoient pour luy faire vne collation de pommes sauuages, de chasteignes, de noisettes, & peut-estre de gland, car ils n'auoient autre chose à luy donner.

La premiere semonce où elle s'accorda, fut celle des diuinitez marines, qui l'ayant veu naistre dans leurs eaux desiroient qu'elle y fit vne eternelle demeure. Comme elle se ioüoit vn matin sur le bord de la mer où elle cherchoit les cailloux qui auoient la figure la plus bigearre, & prenoit plaisir à les regarder, vne Nereyde estant sortie des eaux luy vint dire, que cherchez vous ? Belle Deesse, Croyez vous que ce soit là des cœurs transformez en cailloux, comme s'il se pouuoit trouuer des cœurs qui eussent cette dureté en vostre presence, veu que mesmes ces rochers deuiendront bien tost sensibles pour vous aimer ? Il n'est plus temps de s'amuser à cette vaine occupation : Toutes les diuinitez de la mer vous veulent donner des diuertissemens plus agreables, & vous inuitent au festin qu'elles pretendent auiourd'huy vous faire dans leur sejour pour vous monstrer vn eschátillon de leurs delices. Venus alors n'osa refuser de si grandes diuinitez, dont elle s'estimoit parente, sçachāt bien quelle estoit son origine; Elle pensoit s'excuser neantmoins de partir à l'heure mesme, à cause qu'elle n'auoit pas ses habits des bonnes festes, n'en ayant alors que de simple estoffe, où l'or ny les pierreries n'esclattoient point, mais la Nereyde lui dit que l'on ne demandoit que sa personne seule, & que quand elle retourneroit toute nuë à la mer de mesme comme elle en estoit autrefois sortie, l'on n'y trouueroit rien à redire. Sur cette asseurance elle delibera de partir, & alors les flots s'estans entr'ouuerts, il en sortit vne littiere vitree portee par des mulets marins, car il s'en trouue aussi bien que des Hyppopotames ou cheuaux de mer. Quelques-vns disent que c'estoit vne chaise close porrée par deux Dauphins, mais cette varieté de relation est peu importante; Tant y a qu'il y auoit deux places, & que Venus & la Nereide s'y enfermerent pour passer au trauers des ondes sans auoir la peine de marcher ou de nager entre deux eaux, & mesme sans mouiller leurs habits, comme il eut fallu faire sans cette belle commodité. Venus eut vn plaisir nompareil à voir ce nouueau Monde au trauers des verrieres. Il y auoit là des poissons de toutes sortes rangez en haye pour la voir passer, les vns par curiosité, les autres par commandement de leur grand maistre, & assez pres de son principal sejour il y en auoit quátité qui estoiét rangez par escadrons pour honorer son entree, & mesme les plus apparens d'entr'eux lui eussent bien voulu faire des harangues, comme

Bourgs-Mestres & Eschevins de la Mer, s'ils n'eussent point esté muets de nature; mais au lieu de cela ils faisoient force soubresauts pour la resioüir. Estant arrivee dans vn grād Palais de merueilleuse structure, elle sortit de sa litiere auec sa compagne, & vid que dans tout ce pourpris l'on n'estoit point moüillé, parce qu'en ouurant la porte toute l'eau qui entroit s'alloit perdre dans vn creux qui estoit aupres, & puis l'on la refermoit assez viste. Au reste il n'estoit point besoin d'y ouurir des fenestres pour voir plus clair ou pour regarder au dehors, d'autant que tout estoit fenestre & verriere, les murailles n'estans que de cristal, ce qui estoit tres-commode, puis que les rayons du Soleil passoient là de toutes parts, & que l'on apperceuoit tout ce qui se faisoit dans la

Mer, & principalement force poissons qui se venoient heurter la souuant, croyant que ce corps transparent ne fut autre chose que de l'eau. Venus ayant esté conduitte au principal appartement, vit sur vn trosne de coquilles vn Dieu à la grand barbe bleuë, couronné de ioncs marins, vestu d'vne camisolle de mousse tissuë, & portant en main vne fourche à trois pointes. Il fit cognoistre par sa maiesté qu'il estoit le Dieu Neptune, & par son doux accueil que c'estoit pour son sujet que l'on auoit fait venir cette rare Beauté ; Quoy que la Nereyde luy eust dit que les diuinitez marines la desiroient, il ne falloit pas croire qu'vn si friand morceau fut pour Protee ou pour Palemon, ou pour les Tritons, qui ne sont guere plus grands Seigneurs en ce pays-là que les poissons de la Halle

Halle; C'estoit pour le Monarque Souuerain de la mer que la feste se faisoit, lequel la salua plus qu'humainement, car de dire humainement tout simple, cela seroit bon pour parler d'vn homme, & non pas d'vn Dieu. L'ayant fait seoir pres de lui pour lui conter plusieurs menus deuis, quantité de Dieux & de Deesses qu'il auoit inuitez arriuerent aussi, entre lesquels l'on en voyoit qui estoient d'vne si plaisante posture, que cela estoit fort risible. La pluspart n'ayant point de pieds, mais seulement vne gràde queuë de poisson, il y en auoit qui ne se pouuoient tenir droits, & qui alloient rampans comme des couleuures; les autres soustenans le reste de leur corps sur leurs mains & sur leurs bras, alloient comme des culs de jatte, & quelques-vns seulement des plus vigou-

S

reux se tenoiët droits sur leur queuë comme des bilboquets. L'arriuee de leur trouppe d'eslite ayant autant diner ty Venus que des entrees de ballet, il ne restoit plus que de les placer en belle ordónance, & pource qu'ils auoient mine tous de gens affamez, & que c'eust esté abuser de leur patience de les faire seoir pour autre dessein que pour manger, Sire Neptune qui commandoit là à baguette, dit à son maistre d'hostel qu'il fit dresser les tables. Vn grand vilain Triton mal adroit voulut alors placer les treteaux, & les selles, mais comme il portoit vn banc fort long, tel que pour vne salle à faire nopces, il le coigna si rudement contre la muraille qu'il la cassa, & qu'il s'y fit vn grand trou par où l'eau entroit en grande abondance, de façon que les Deesses & les Nymphes qui estoient là furent bien-tost contraintes de leuer leur jupe, principalement celles qui n'auoient pas accoustumé de viure dans les eaux. Quelques mesdisans publient que ce fut vne partie faite par le Dieu de la Mer pour se donner vn peu d'ebattement; Neatmoins il temoigna fort sa colere, & deschargea vn grand coup de tridét sur l'eschine du Triton, tellement qu'il en fit sortir deux ou trois escailles. Pour remedier aussi à cet accident il commanda à quelques autres Officiers de chercher de la mousse & de la poix afin de boucher ce trou ; mais comme ils estoiét long-temps à reuenir, il y eut vn Triton ingenieux qui sceut parfaitement bien reparer la faute de son camarade, & qui fit rire la compagnie d'aussi bon courage comme elle auoit eu d'estonnement; C'est qu'il foura sa grád

S ij

queuë dans le trou pour le boucher, & se tint là iusques à ce que l'on eut apporté dequoi recalfeutrer la maison Neptunienne. Cependant l'on dressa les tables où Dieux & Deesses s'assirent en belle ordonnance. L'on seruit pour entree quelques huistres & quelques oiseaux de mer, auec quelques poissons du mesme lieu, mais les autres seruices ne furent que de poisson de riuiere, d'animaux terrestres tant à quatre pieds que volatiles, & de venaison & de gibier tant terrestres qu'aeriens, que l'on auoit apporté là à grand peine, d'autant que ces Diuinitez estoient de l'humeur de la pluspart des hommes, qui n'aiment que les choses apportees de loin, & qui ne trouuent pas les poissons bons sur le bord de la Mer. Pour entremets l'on seruit seulement quelques Remores à cause de la rareté de ce petit poisson, mais il estoit meilleur pour la veuë que pour le goust, si l'on ne le maschoit tres-habilement, ainsi que le mal-auisé Palemon l'esprouua; car le maschant lentement il s'attacha tellement à sa maschoire superieure, & à l'inferieure, que cela y seruit de colle & de lien de telle sorte qu'il ne pouuoit plus desserrer les déts, pource que ce poisson ayant bien la force d'arrester les nauires, n'estoit pas moins capable d'arrester les mandibules. Neptune eut pitié de ce paure Dieu qui ne pouuoit plus ny máger ny parler. Lui ayant fourré sa fourchette à trois pointes entre les dents, il les lui fit ouurir, & lui fit aualler la Remore qui estant dans l'estomach perdoit alors sa puissance. Il arriua vn autre accident à Glaucus, qui ayant trop mágé d'vne salade de corail en pensa estre empierré. Vous vous estonnez, ignorás, d'oüir que l'on fasse vne salade d'vne matiere que vous ne prenez que pour vne pierre; mais sçachez que le corail est herbe dedans la mer, & est aussi bon à manger que le houblon; mais il faut auoir soin de boire apres cela plantureusement, craignant que cette plante qui a coustume de se durcir au sortir de la mer, ne se change en caillou dans nostre estomach faute d'humidité. Comme l'on vid donc que Glaucus estoit en danger de creuer de tant de pierres qui s'alloient former dans ses entrailles, l'on le fit boire à suffisance, & quand son mal fut passé, il se railla auec les autres de sa crainte passee. Or il ne faut pas qu'vn Critique soit si sot que de nous vouloir icy reprendre pour faire l'habille homme, disant qu'il n'est pas croyable que des Dieux marins tels que Palemon & Glaucus se fussent ainsi laissez abuser, & ignorassent la Nature des choses qui croissent dans la mer, car il faut sçauoir qu'il n'y auoit pas long-temps alors qu'ils auoient esté receus en cette belle qualité de Dieux de l'Empire humide, ayans tousiours auparauant demeuré sur la terre, tellement qu'ils ne connoissoient pas encore toutes les qualitez de ce qui se trouuoit dans les Prouinces dont ils auoient le sous-gouuernement. Pour acheuer l'ordre du festin sans nous arrester à autre digression, entre les viandes marines que l'on seruit encore, il y eut de ces oiseaux qui s'engendrent du fruict d'vn certain arbre situé sur le bord de la mer, duquel les fruicts estans tombez dans l'eau se metamorphosent en des animaux nageans & volans. Il y eut aussi des macreuses ou canards marins nez de la pourriture du bois des navires, tous oiseaux que l'on ne tiét estre ny chair ny poisson, lesquels ne furét pas tát seruis pour l'excellence du goust, que pour faire monstre des merueilles qui estoient produites dans l'Empire de Neptune, & pour confirmer les relations de quantité de bons Autheurs qui ont escrit beaucoup de choses pour les auoir oüy dire. Quant au dessert il y eut des plus excellens fruicts que l'on auoit pû trouuer sur les riuages, & pour le breuuage il fut aussi du vin de toute sorte de nations ; Car comme les eaux de la Mer portent souuent des vaisseaux chargez de tonneaux remplis de cet agreable jus, Neptune croyoit que c'estoit bien la raison qu'il en eust sa part, &

qu'ils lui payassent tribut, soit que les Marchands lui en donnassent volontairement quelques muids pour le droict de passage & de traicte foraine, soit qu'il les prit de lui-mesme lors qu'il leur faisoit faire naufrage quelquefois, pour les punir de ce qu'ils vouloient frauder ses Receueurs & Fermiers. Ayant donc force maluoisie & vin d'Espagne, il en fit boire à toute la trouppe, excepté à la belle Venus, qui pour faire la sainte Nitouche, dit que cela n'estoit pas beau que les filles beussent du vin, & que cela leur faisoit auoir le nez rouge. Il n'y auoit là que de l'eau de la mer qui estoit trop sallee pour estre bonne à boire; l'on enuoya donc en haste querir plein vne cruche de l'eau du fleuue Alphee, qui passe au milieu de la mer sans perdre sa douceur pour aller chercher en Sicile la fontaine Arethufe dont il eſt amoureux. Venus ne beut que de cette eau pendant le feſtin, & ne laiſſa pas de faire raiſon à tous ceux qui beurent à ſa ſanté. Il ne faut pas oublier que pendant le diſné il y eut vne bande de Tritons qui donnerent la muſique en ſoufflant dans des coquilles retortillees qui contrefaiſoient le cornet à bouquin; mais ſi toſt qu'on eut deſſeruy, ils ceſſerent leur jeu pour aller manger les reliquas, & & rempliſſant de vin leurs inſtrumens de muſique ils trouuoient moyen de faire qu'ils ne fuſſent iamais inutiles. Les Syrenes qui auoiẽt diſné à la maiſtreſſe table, comme Dames de condition, & de qui l'on faiſoit de l'eſtat, ſe tirerent apres à quartier, & reioüirent la compagnie par vne autre harmonie plus douce qui fut celle de leur voix. Elles en chanterent tellement les assistans, qu'elles les endormirent, & puis elles les réveillerent, les prouoquant mesme à danser, tellement qu'il y en eut qui attacherent des coquilles à leurs doigts en guise de castagnettes pour en iouër ainsi au son de la sarabande. Les Tritós qui estoiét desia yvres s'y vindrent entremesler, & ce fut vn plaisir d'en voir vn qui voulant danser auec l'vne des Syrenes, entortilla si bien sa queuë autour de la sienne, qu'elle ne s'en pouuoit separer, quoi qu'elle tirast de son costé tant qu'elle pouuoit ; mais aussi se seruant de son grand peigne qu'elle tenoit à sa main, elle l'en testonna d'importance ; car il faut sçauoir que ces mijorrees de Syrenes aiment tant à se peigner, à s'attifer, & à se contempler, qu'elles ne quittent iamais leur peigne & leur miroir, comme l'on peut apprendre aux enseignes des Marchands ou des Cabarretiers. Il est vray qu'en disnant elles auoient posé leurs miroirs sur la table, mais comme ils estoient soustenus sur des pieds, elles ne laissoient pas d'y regarder si elles auoient bonne grace à manger. Pour leurs peignes il y en eut deux qui les mirent à leur ceinture, mais la troisiesme fut si inciuile qu'elle se voulut seruir du sien en guise de fourchette pour prendre de la viande dans vn plat, dont Dame Amphitrite fut si en colere, qu'elle luy pensa donner sur sa bouffe, luy reprochant qu'elle estoit bien mal apprise de toucher à ce que mangeoient les autres auec le peigne dont elle galoit son tignon: Si cela n'a pas esté dit par cy-deuant il n'importe, pourueu que l'on le sçache quand cela vient à propos: Ce qu'ell *de Venus.*

bon en vn lieu est bon par tout. Or la Syrene & le Triton qui estoient attachez ensemble s'estans dejoints, toute la danse faillit, d'autant que ces belles musiciennes s'estans renduës de mauuaise humeur cesserent de chanter. Il sembla alors que le bon sens estoit reuenu à ceux qui auoient fait tant de tourdions au milieu de la salle: Ils s'allerent tous rasseoir en leur premiere place, & comme ils estoient en peine de chercher quelque matiere de recreation qui ne leur empeschast point de se reposer, le gentil Protée qui estoit le basteleur & le maistre gonin de la mer, voulut doner vn plat de son mestier a la compagnie. Il s'estoit mis à l'vn des bouts de la table pour estre veu de chacun, & auoit tousiours paru auec vn beau corps & vne belle teste, surtout bien fournie de dents pour mascher. Il se changea soudainemét en vn serpent assez hideux, ce qui surprit quelques Dieux qui dirent que l'on auoit eu tort de laisser entrer cette vilaine beste, & que l'on la chassat. L'on s'apprestoit à lui donner quelque coup de gaule lors qu'elle disparut, & à l'heure mesme le grand Dieu Neptune ayant ietté ses œillades vers la belle Venus qui blessoit son cœur d'vn nouueau traict, apperceut vne grosse puce sur son sein; C'est à ce coup, lui dit il, belle Deesse, qu'il faut que ie vous despucelle; Et ayant pris la puce en riant, il la pensoit faire croquer sous ses ongles; mais voilà qu'elle se grossit incontinent, & se change en porc-espic, de telle sorte que les pointes que cet animal auoit sur le dos entrerent fort auant dans le poulce droit du Dieu de la mer, & que le sang divin en sortit. Il secoüa ses doigts promptement, & sentit quelque douleur; L'on pensoit attrapper ce port espic pour le chastier, mais il se changea en vn furet qui s'alloit cacher sous la juppe des Dames, & se glissoit de l'vne à l'autre, de sorte que lors que l'on croyoit qu'il fut sous celle d'Amphitrite, il estoit sous celle de Venus. Enfin pour terminer ce vacarme, Protée reprenant sa forme ordinaire & sa premiere place, fit semblant d'ignorer tout ce qui s'estoit passé. Alors Venus s'estant retirée à cartier pour quelque necessité naturelle qu'il n'est pas necessaire de publier, ce maistre imposteur prit incontinent la forme de cette Deesse, tellement que Neptune qui auoit desia eü du regret de son esloignement vint vers lui pour lui tenir les propos mignards qu'il auoit commencé de faire, mais lors que la vraye Venus parut il connut qu'il s'estoit laissé tromper trop facilement; Que son esclat estoit inimitable, & que toute ressemblance estoit imparfaite deuant elle. Protée qui se doutoit de cela voulut faire vne autre tromperie: Il se rendit incontinent semblable à Neptune, si bien que Venus le prenant pour lui, vint lui faire des excuses de ce qu'elle lui auoit faussé compagnie quelque temps. Quoy donc, ce dit alors Neptune, y a-t'il encore icy vn autre Dieu de la mer? Et pource qu'il dit cela d'vn ton qui faisoit voir qu'il ne prenoit pas plaisir à cette mommerie Protée qui sçauoit qu'il ne faisoit pas bon se ioüer à son maistre, se rendit incontinent tel qu'il auoit accoustumé. Apres cela Neptune entretenant Venus de ses plus ardentes

dentes passions, l'on tient qu'elle creut facilement que le feu pouuoit brusler sous ses eaux, mais pour ce qui en arriua, ce sont des secrets qu'il n'est pas permis de diuulguer dans des Narrations, qui sont aussi bien communiquees aux prophanes, qu'à ceux qui sont initiez aux misteres de cette Deesse; Tant y a qu'ayant passé trois ou quatre iours, & autant de nuicts dans ce chaud & humide sejour, qui estant sallé comme il est, represente la fecondité, l'on s'imagine qu'il ne se put faire autrement qu'elle n'en ressentit les effets. Quoy qu'il en soit, côme elle n'auoit pas dessein de s'arrester en vn lieu qui luy ostoit la veuë du Ciel & de la Terre, elle en voulut sortir pour se plaire elle-mesme dans la diuersité, & par vn excez de bonté communiquer aussi à plus de

T

gens le bon-heur de sa presence.

La voilà donc qui s'en retourne vers la Terre, où dés le premier iour elle espere d'establir son Empire, comme si elle auoit à y demeurer eternellement; Mais les Nymphes maritimes qui auoient assisté au banquet de Neptune, il y en eut de si babillardes, que rencontrans celles qui auoient commerce dans le Royaume de Pluton, elles ne se peurent tenir de leur raconter tout ce qui s'estoit passé dans leur moite sejour, de telle sorte que ce Dieu fut bien tost auerty du bon-heur de son frere Neptune, car les fleuues des enfers ayant passé par le centre de la Terre se rendent au receptacle general qui est la mer, laquelle s'engouffrant en des abysmes par d'autres endroits fournit aussi d'eau à leurs sources; & cela est si vray, que la mer reçoit quelque tribut de cet infernal manoir, que sa saleure ne vient que de la chaleur & des exhalaisons corrosiues qu'elle en reçoit d'ordinaire. Pluton ayant donc appris par cette communication certaine, que Venus estoit la plus belle, la plus charmante, & mesme la plus accostable de toutes les Deesses, eut vn dessein formé de l'attirer chez luy pour tenter la fortune, car n'ayant pas encore alors espousé cette chiche-face de Proserpine, il vouloit mener vie de garçon, & l'on tient que ce n'estoit que liesse & débauche tous les iours dás les enfers. Il attela donc son char d'esbeine auec quatre coursiers noirs, & se trouua sur terre à l'endroit où les porte-chaises marins venoient de deschatger cette rauissante personne, & ayát pris congé d'elle s'estoiét

T ij

rejettez dans les ondes. Alors la voyant aller à pied auec assez de peine, il se mit à terre, & l'ayant saluee courtoisement, luy dit: ô excellente Diuinité? faut-il vous laisser aller à pied de la sorte? Ceux qui vous ont quittee, ont eu peu de ciuilité de ne vous pas remener iusqu'au logis; Mais si c'est que leur voicture ne soit faite que pour les eaux, voicy que ie vous offre ce chariot, & celuy qui le conduit pour vous mener où vous voudrez. Venus regardant ce personnage auec son fouet en main, sa casaque d'estoffe noire, & son chariot noir, crut qu'elle ne pouuoit parler plus à propos, que de luy respondre cecy; Ie vous prie de m'excuser, cocher mon amy, car estant vestuë de vert comme ie suis, si l'on me voyoit dans vostre carrosse de dueil, l'on diroit aussi-tost que ce seroit quelque carrosse d'emprunt ou de loüage, & l'on me prendroit pour quelque Demoiselle esgaree. Elle prononça ces mots auec vn mespris plus attrayant que fascheux, & vne grace si raffinee, que toute la coquetterie & la galanterie des femmes du monde n'a rien de comparable. Pluton fut donc d'autant plus touché de son amour, & luy repartit. Que rien ne vous inquiete, ma Reyne, nous irós en lieu où vous pourrez vous vestir de noir auec bien-seance, & où mesme toutes les plus viues couleurs paroissent souuent noires. En acheuát la parole sans s'informer plus auant de sa volonté, il l'embrassa estroittement, & la mit dans son char, & si tost qu'il eut hoché la bride, les cheuaux coururent aussi viste que s'ils eussent eu des aisles. Ils arriue-

T iij

rent à vne grande ouuerture sous terre, où ils s'enfoncerent par vne pente assez aisée, & l'on y voyoit le iour au commencement par quelques souspiraux, mais enfin l'obscurité s'espaississant, Venus alloit estre en mauuaise humeur de se trouuer en ce triste lieu, lors que soudain elle vid venir douze Pages legers auec des flambeaux allumez, dont les vns coururent deuant, & les autres costoyerent le char, & Pluton desirant aussi de la consoler parfaitement, luy dit ce qu'il estoit, & qu'il n'auoit autre pensée que de lui offrir son Royaume & sa personne, dont elle témoigna d'estre assez contente, pource que sa curiosité luy faisoit souhaitter de voir cette basse demeure dont elle auoit ouy parler plusieurs fois. Estans arriuez sur le bord du fleuue qui sert de fossez &

de defense à l'enfer, le char fut receu dans vn grand Bac qui le porta à l'autre riue, & à vn demy quart de lieuë de là, l'on voyoit la nacelle où le nautonnier Charon passoit les gens de pied, laquelle s'enfonçoit tellement sous le fais que l'eau y entroit, quoy qu'elle ne fut chargee que d'ombres des morts. L'entree de l'enfer n'estoit point faite comme vne gueule effroyable ainsi que la depeignoit quelques idiots. Tout le circuit estant tel que d'vne forte Cité, la porte estoit placee entre deux grosses tours, & garnie de pont leuis & de herse. A l'entree estoit le chien Cerbere, qui ne vid pas plustost les cheuaux de son Seigneur, qu'il sauta dessus pour les carresser, & comme l'on l'auoit voulu faire gentil pour la venuë de la Deesse que l'on attendoit, il auoit

T iiij

vn collier à sonnettes à chacun de ses trois cols. Les Iuges de l'Enfer & autres Ministres inferieurs vindrent aussi au deuant du carrosse montez sur des mulets, auec des housses de toile noire, & le plus ancien d'entr'eux fit vne harangue à Pluton & à Venus. Apres s'estre vn peu arrestez, ils allerent au Palais Royal tout basty de marbre noir, & enrichy de colomnes & de portiques, où l'Architecte des Dieux s'estoit monstré maistre passé. Il y auoit vn trosne d'acier dans la grande salle, & plusieurs chaises de mesme matiere garnies de coussinets de velours noir. La clarté qui s'y trouuoit venoit de cent flambeaux posez sur des chandeliers d'ebeine pendus au plancher, & d'vn costé où les volets des fenestres estoient ouuerts, l'on voyoit aussi vn grand iour qui estoit causé par le feu du Tartare, dans lequel les ames des vitieux estoient tourmentees. Que si cette flamme estoit quelquefois obscurcie, ce n'estoit que par la multitude de ces ames qui y tomboient, lesquelles paroissoient comme des essains de mouches. La Deesse ayant pitié de ce spectacle se tourna vers vn autre endroit où elle voyoit tant de personnes diuersement occupees, qu'elle ne pouuoit iuger ce que c'estoit, tellement qu'elle supplia Pluton de luy laisser la liberté de se promener dehors, quoy qu'il la voulut obliger auparauant de prendre vne legere collation. Elle desiroit luy monstrer que le chemin ne l'auoit point fatiguee, & sortant du Palais l'on luy dit qu'il auoit ses jardins, ses viuiers & ses grottes aussi bien que ceux du Monde, comme en effet elle reconnut que cela estoit vray, mais que toutes choses y estoiét d'vne nature differente, & qu'elles ne seruoient qu'à donner du plaisir au Maistre, & à ses Satelites, par le tourment qu'y souffroient plusieurs personnes. C'estoit là que l'on estoit puny extraordinairement pour des crimes extraordinaires. Là Ixion estoit tourné continuellement sur vne rouë comme en vne machine de diuertissement, & Venus dit qu'au moins ne le falloit il pas lier à la renuerse, mais le mettre dans vne grande rouë large & fermee, pour la faire tourner comme eust fait vn escurieu; & puis se reprenát, elle dit qu'il eust mieux valu encore que sa peine eust esté employee à quelque chose d'vtile, & que l'on le mit comme vn chien dans vne rouë de cuisine pour faire tourner la broche, ou dans la rouë d'vn preſſoir, d'vne pompe ou d'vn moulin, & que ſon trauail ne ſeroit pas moins capable alors de contenter la vindicatiue Iunon, dont au reſte elle blaſmoit fort la cruauté, de l'auoir fait ainſi punir pour l'auoir aimee, quoy qu'il l'euſt deſia eſté aſſez, n'ayant embraſſé qu'vne nuee au lieu d'elle; ce qui faiſoit iuger par là quelles ſeroient les punitions exorbitantes pour ceux qui la haïroiét, puis qu'elle traittoit de la ſorte ceux qui l'aimoient. Noſtre pitoyable & charitable Deeſſe voyant auſſi de loin Siſyphe, qui ayant porté ſon rocher au haut d'vne montagne ne l'y pouuoit arreſter, & eſtoit contraint de l'aller requerir, elle declara qu'il luy ſembloit plus à propos de lui faire porter à chaque fois vne nouuelle pierre, & ne les point laiſser tomber de là haut, afin qu'estans amassees l'on en bastit là quelque edifice. Ainsi elle trouuoit à redire aux punitions de plusieurs coupables, & eust bien voulu les adoucir, ce qui a fait dire à quelques Poëtes que lorsqu'elle entra dans les enfers il s'y trouua vn estrange changement: Que Cerbere cessa d'aboyer, la rouë d'Ixion s'arresta, & Sisiphe ne leua plus sa lourde pierre: Mais ce sont pures bourdes. Il falloit que les arrests des Iuges infernaux eussent leur plein & entier effect, sans aucun adoucissement. L'on dit bien encore que passant vers vn viuier, sur le bord duquel les Danaïdes puisoient de l'eau incessammét pour emplir des tonneaux troüez, elle leur donna l'auis de boucher chaque trou d'vne cheuille ou d'vn fausset, ce qu'elles essayerét de faire, mais qu'elles n'y peurent fournir, n'ayant pas assez de cheuilles, & outre cela leurs tonneaux ayans des creuasses irremediables. D'ailleurs ne nous fiôs pas tant à nostre Chronologie, que nous asseurions que les Danaïdes eussent desia esté au Monde lors que Venus alla aux Enfers pour la premiere fois. Le crime qu'elles auoient commis de tuer leurs maris deuoit estre aussi trop odieux à cette Deesse qui n'a prouué que la douceur & la paix, pour les en vouloir excuser, & les soulager en leur supplice. Quant à Tantale qui estoit attaché au riuage de ce viuier sans pouuoir boire, & auoit des pômes sur sa teste dont il ne pouuoit gouster, l'on tient pour asseuré qu'elle eut pitié de ce pauure diable, & qu'elle eut dessein de lui délier les mains afin qu'il pust puiser

de l'eau, & arrester aussi les branche[s]
qui se releuoient quád il se haussoi[t]
Mais Pluton lui dit qu'il estoit im[-]
possible de deslier ce qui estoit li[é]
par les destinées : Toutefois ayan[t]
oüy cela, elle ne se put empesche[r]
de prendre le baston d'vn Exemp[t]
des Gardes du Roy de l'Enfer, qui [se]
trouua pres d'elle, & de toucher su[r]
l'arbre pour faire tomber des pom[-]
mes. Il en tomba cinq ou six, mai[s]
ce fut au dommage de Tantale ; El[-]
les lui penserent creuer les yeux, &
lui escarboüiller le nez, & les vou[-]
lant prendre sur l'eau auec ses dents
l'eau & les pommes se retireren[t]
bien loin de sa bouche. Depuis le[s]
branches estans deschargees se cou[r-]
berent moins aussi, tellement qu[i]
en eut plus de peine à se hausser pou[r]
y atteindre, & iamais ces marinie[rs]
qui taschent de tirer l'anguille o[u]

oifon auec les dents n'eurent tant de mal, pource qu'au moins leur proye eſt touſiours en vn lieu. Venus fut faſchee de lui auoir nui en lui croyant faire plaiſir, mais ne voulant pas auſſi en demeurer là, elle dit aſſez reſolument. Tout de bon, ie ne puis plus ſouffrir ceci ; ie m'en vai deſtacher vne pomme auec la main, & lui ietter dans la bouche, ou bien ie voudrois auoir des crouſtes ou des miettes de pain pour lui en ietter ſur l'eau, comme on fait aux cygnes, aux canes, & aux oiſons. Ces pommes ſont ſi rondes, dit Pluton, qu'elles lui gliſſeroient entre les dents, & le pain que vous lui ietteriez ſeroit auſſi emporté de l'eau du viuier ſans luy profiter en rien. S'il ne peut atteindre à l'eau, repartit Venus, & qu'il ait autant ſoif que faim, ſi i'eſtois que de luy i'ouurirois la gueule bien grande quand il pleuueroit pour y receuoir de l'eau à foison. L'eau qui tombe en ces lieux là est sulphuree, dit Pluton, elle ne fait qu'augmenter la soif, & d'en aualler vne seule goutte c'est assez pour se rendre hidropique. Allons nous en donc d'ici, reprit la Deesse, puis que ie ne puis donner remede ni conseil au mal de cet homme. Ie vous proteste que les postures qu'il fait en se haussant & baissant sont si grotesques, que ie ne sçai si i'en doi rire ou pleurer. En disant cela elle reprit le chemin du Palais, dont Pluton fut tres-content, afin de l'entretenir plus à loisir. Elle vid la salle paree d'vn grand buffet où il y auoit plusieurs vases d'or & d'argent enrichis de pierres precieuses, & les assiettes, les sallieres, & les chandeliers que l'on auoit posez sur la table, estoient

estoient de mesme matiere. Cette somptuosité la mit en admiration, & Pluton voyant que cela plaisoit à ses yeux entra d'autant plus en vanité pour luy dire, Qu'elle auoit esté máger chez Neptune, où l'on n'auoit seruy les viandes que dedans des coquilles & des escailles d'huistre, mais que chez vn Dieu comme luy, qui possedoit toutes les richesses de la terre, l'on estoit serui autrement; Que tout cet appareil n'estoit aussi que pour elle, & qu'il ne feroit pas comme ce Dieu marin qui l'auoit deshonnorée en faisant seoir à table auec elle des petits Dieux des eaux qui ne deuoient auoir autre charge que de lui verser à boire: Elle ne respondit mot là dessus, sçachant que si Neptune l'auoit traictee auec familiarité, il n'auoit pourtant pas manqué de respect & de bien-veillance en son endroit. Pluton & elle s'assirent alors teste à teste; Les premiers plats que l'on seruit furent trois, dót l'vn ne contenoit qu'vne chose confuse, & presque inuisible, le second auoit diuers simulachres de tous les corps de l'Vniuers, & au troisiesme l'on ne voyoit rien dedans. Nostre entree de table ne peut mieux commencer que par les trois Principes de toutes choses, dit le Dieu des Enfers, c'est icy la matiere, la forme, & la priuation. Si nous voulons manger de la matiere, & la trouuer bonne, il ne faut que la saulcer dans la forme, & pour lui faire changer de goust, il faut mettre cette viande au plat de la priuation. Ne vous en desplaise, dit Venus, ie ne connoy rien au seruice d'vn plat qui semble vuide. Ie croi bien, dit Pluton, que vous voulez voir des choses parfaittes &

accomplies ; & aussi tost faisant signe au maistre d'hostel, l'on osta les trois plats pour en mettre quatre autres. Dans le premier il y auoit de la terre, dans l'autre de l'eau, dans le troisiesme de l'air, & dans le quatriesme vn feu pur & subtil. Ie sçai dit Pluton, que ces Elemens sont des viandes plus propres à la veuë qu'au goust, mais nous en ferons quelque chose de bon; Et alors il versa l'eau & la terre dans le plat de l'air, & le mit sur celui du feu qui auoit des pattes en maniere de reschaut ; & quand cela eut boüilli, il en emplit trois autres plats, disant que c'estoit les principes de mixtion, à sçauoir le sel, le souffre, & le mercure, puis voyant que Venus n'en tastoit point, il se fit apporter l'œuf des Philosophes, & lui fit manger à la coque, luy faisant boire aussi plein vne tasse d'or potable. Il lui fit seruir apres vne salade composee des fueilles de l'arbre des Sages, & de fleurs de soulfre trempees à l'huile de talk, tellement que iamais l'on ne vid vn plus docte & plus chimique banquet; mais cela ne la contentoit guere, quoi que ce fut tout ce qui se pouuoit rencontrer de meilleur dans le Royaume sousterrain. L'on lui donna pour entremets vne fricassee de vers de terre, & vne taupe rostie sur le gril, & comme elle vid apres que l'on leuoit les nappes, n'esperant point de dessert elle demanda des pommes de l'arbre de Tantale. L'on lui en apporta par complaisance, mais quoy qu'elles fussent assez belles au dehors, il n'y auoit que de la pourriture au dedás, de sorte qu'elle dit que ce pauure homme se donnoit bien de la peine pour rien, & qu'il valoit mieux qu'il se tint en repos : Là deſſus Pluton la voulant diuertir, commanda que les trois Parques vinſſent trauailler à leur ouurage deuant elle. L'on leur donna à chacune vn petit placet; l'vne tenant la quenoüille, l'autre faiſoit tourner le fuſeau, & la troiſieſme ſe mettoit ſouuent entre deux pour coupper le fil auec ſes ciſeaux. Venus dit qu'elle s'entendoit vn peu en meſnage, & qu'vne bonne filleuſe euſt pû faire ce que faiſoient ces trois là; Qu'en fillant elle euſt bien fait tourner ſon fuſeau elle meſme, & qu'il n'eſtoit pas beſoin de coupper le fil puis qu'il ſe rompoit aſſez toſt, & qu'il y falloit ſouuent faire le nœud du tiſſeran. Pluton lui fit entendre que tout ce miſtere eſtoit pour le gouuernement de la vie des hommes, & neantmoins elle fit connoiſtre que ſi elle euſt eſté appellée à la publication des loix de l'Enfer, elles les eust toutes reformées. Ces vieilles sempiternelles de Parques la firent rire de leur posture & de leur habit. Elles auoient des robes à grandes manches, des collets montez, & des chapperons renuersez en arriere, la grande escarcelle au costé, & vn petit chaudron plein de braize leur pendoit à l'vn des doigts pour se rechauffer les mains. Toutes les parties de leur visage estoient difformes naturellement, mais leurs grimasses continuelles les rendoient encore plus ridicules. Pensant conter mots nouueaux, & se monstrer fort agreables, Clotho raconta la fable de Peau-d'asne, Lachesis raconta celle de Finette, & Atropos ayant commencé la Genealogie des Fées donnoit le dé à ses compagnes pour en poursuiure les miraculeuses actions ; mais Pluton ne voulut pas qu'elles en dissent dauantage, de peur qu'elles ne fussent trop ennuyeuses, & donna charge à vn certain nombre de ses officiers de faire quelque autre rejoüissance. Les Iuges de l'Enfer estans en bonne humeur lui vindrent donner la musique, pour luy monstrer que l'equité iudiciaire estoit vne vraye harmonie. Ils ioüoient chacun d'vn cistre de fer aux cordes de leton, ce qui sembla estre fort ennemy des oreilles, & l'on les eut pris pour ces Comediens Espagnols qui viennent ioüer de la Guytarre sur le Theatre aux Intermedes auec vne soutane noire, & vne grauité de Magistrat. Apres l'on vid entrer force farfadets & lutins, dont l'vn ioüoit du tambour sur vn chaudron percé, l'autre racloit vn gril auec vne cueillerà pot,

V iiij

& le plus habile musicien d'entr'eux estoit celui qui ioüoit des cymbales, ou vn autre qui faisoit sonner des cliquettes. Au son de ce chariuaris les trois furies Alecto, Megere & Tysiphone firent vne entrée de ballet. Elles auoient les juppes retroussees iusques au dessus du genoüil pour mieux danser, & les serpens de leur teste qu'elles portoient au lieu de cheueux estoient liez par la teste & par la queuë, auec des rubans de couleur de feu & de couleur de soulfre, ce qu'elles auoient fait pour pareistre plus mignonnes; & d'autant que leur visage estoit noir comme suye, elles l'auoient accompagné d'emplastres vertes & iaunes pour y donner lustre. Venus rit bien de leur affetterie extraordinaire, & surtout quand elle leur vid danser la Bohemienne auec les castagnettes. Lors qu'elles se furent retirées, le grand ballet vint qui estoit composé de douze Demons des plus agiles de l'Enfer, lesquels n'auoient aucun besoin de masque ny d'autre déguisement, car iamais l'on ne vid rien de si difforme. Ils s'entremeslerent diuersement, & se prenant par les cornes, ils sautoient par dessus la teste l'vn de l'autre, tant qu'à la fin Venus dit qu'on les fit retirer, & qu'elle se feroit mal à la ratte à force de rire. Tout disparut donc, & Pluton fit mettre des dez sur table, qui sont le diuertissement le plus ordinaire de l'Enfer, où souuent le ieu finit en noise. Venus ayant alors ietté les yeux sur le beau buffet de la salle, Pluton lui dit; A peine cette richesse peut esgaller la vostre, mais si vous voulez pourtant, ie ioüeray cela contre vn de vos baisers. Venus qui esperoit que de quelque façon que ce fut elle auroit du bon au ieu, s'accorda à ceci, mais Pluton ne voulut pas ioüer à la chance, quoy que l'on die, chance d'amoureux; Il pensoit que la bonne chance n'estoit que pour Venus. Il proposa de ioüer à trois raffles contees. Venus perdit & partie & reuanche, tellement qu'elle estoit obligee à payer le prix conuenu, & l'on dit que Pluton la baisa alors, & que ce fut d'vn baiser acomply de toutes ses dimensions, & puis qu'ayant rejoüé encore sur nouueaux frais, il se laissa perdre, afin que cette belle auaricieuse eust le buffet de vermeil doré dont elle auoit tant de desir. Apres cela il fut assez content, & come elle tesmoignoit qu'elle se fut ennuyee si elle eust demeuré plus lóg-temps en ces lieux sousterrains qui ne luy estoient guere propres, &

dont les plaisirs n'estoient que d'vn iour, il attela son chariot pour la ramener sur terre. Elle demanda à boire auparauant, pource que tant de viandes mineralles dont elle auoit tasté l'auoient fort alteree, & le Dieu de l'Enfer se monstrant courtois, luy demanda si elle ne vouloit pas prendre aussi vn petit morceau de collation, & pour luy donner quelque chose qui lui fut propre, il lui fit presenter vne tasse pleine de sallemandres confites, qui sont des animaux si froids qu'ils peuuent viure dans les flammes. Au mesme instant l'on lui apporta vn plein verre de l'eau de Lethé qui est le fleuue d'oubly. Apres cela elle ne se souuint que confusement de tout ce qu'elle auoit oüy & veu: Neantmoins elle ne laissoit pas de dire que si elle n'auoit fait bonne chere aux Enfers, au moins elle y avoit ry tout son saoul. Pluton ne manqua pas de luy envoyer la vaisselle d'or & d'argent qu'elle lui avoit gagnee, & de là elle s'instruisit à vne maxime tres-vtile pour vne personne de sa sorte, qui estoit d'obliger tousiours ses amans par quelque moyen à lui laisser des marques de leur liberalité.

Elle ne fut guere long-temps sur Terre sans estre desiree au Ciel. Ses beautez estoient trop excellentes pour n'estre l'objet que des pauures mortels. Le grand Iupiter Roy absolu des Dieux & des hommes, lui envoya des lettres de bourgeoisie pour la voute estoillee en bonne forme, & seellees de son seau, lui assignant le troisiesme cercle pour son principal domicille. Elle accepta ce don ioyeusement, & voulant en aller prendre possession l'on lui attella vn char tiré par des colombes qui s'esleuerent incontinent au dessus des nuës; & il faut remarquer que ce char estoit sans rouës, car il n'y a au Ciel ni char, ni charrete, ni carrosse qui en ait, non pas mesme le char du Soleil, quoi qu'en ayent dit nos fous de Poëtes. Ce sont des machines plattes en forme de traisneaux qui glissent sur la matiere etherée, laquelle n'est aucunement rabotteuse, & où ce seroit grand dommage de faire des ornieres comme à nos chemins, lors qu'il ne sont point pauez. Iupiter ayant installé Venus dás son Orbe que l'on appelle son Ciel, l'inuita à souper chez lui par droict de voisinage, & dit-on qu'il prit son temps lors que la ialouse Iunon estoit allé sur Terre assister aux couches d'vne Imperatrice qu'elle affectionnoit. Venus fit bien là vn autre festin que dans la Mer & aux Enfers: Parmy les signes du Ciel il y a quantité d'animaux qui font quelquefois des petits que l'on tuë, & que l'on escorche, & que l'on met en broche; Entre les montagnes qui esleuent leur sommet iusques dans le Ciel, il y en a aussi sur lesquelles il y a des terres labourables, des bocages & des forests où les Veneurs celestes vont chasser; En ayans eu le commandement, ils s'estoient mesme trouuez sur la teste du bon homme Atlas qui soustenoit alors le Ciel de ses espaules, & n'estoit pas encore metamorphosé en montagne: Toutefois sa grosse cheuelure estant prise pour vne forest, les chasseurs de Iupiter y apperceurent de certaines bestes fauues apres lesquelles ils lascherent leurs chiens, & lors que ce Geant sentit que l'on lui piccinnoit sur la teste de cette sorte, & que cela lui demangeoit fort, il pensa creuer de despit, & comme il estoit mal endurant, il prit son grand peigne fait de costes de Baleine pour se gratter, & en deux ou trois coups il jetta les Veneurs & leurs chiens au fonds de la mer, excepté deux ou trois qu'il croqua entre ses ongles. Il est vray que si ce desastre arriua en ce lieu, la chasse auoit esté plus heureuse en d'autres. Dauantage Iupiter fit preparer des ames de bestes que l'on lui auoit sacrifiees, & fit deguiser de l'ambrosie en diuerses sortes, car encore que ce soit vne viande celeste, elle pourroit ennuyer à la longue, s'il n'y auoit du changemét. L'on beut là aussi du Nectar qui est le breuuage le plus exquis de tous. Il faut confesser pourtant que ce festin ne fut pas si celebre que celuy que

Clarimond a descrit sous le nom de Banquet des Dieux; mais peut estre que tous les trois Banquets que nous auons rapportez icy, estans mis ensemble en vaudront bien vn; Au reste si ce dernier n'estoit pas si splendide que ceux que Iupiter a faits en d'autres temps, aussi n'y auoit-il pas tant de personnes assemblees, le Maistre de la Maison celeste n'y ayāt prié que ses amis les plus affidez, & ses compagnons de bouteille. Il lui suffisoit de plaire à Venus dont la beauté le charmoit en telle façon, que iamais il n'auoit ressenty si viuement les traits de l'Amour. Il estoit desia si sçauant en cette matiere, qu'il lui dit librement ce qu'il auoit sur le cœur, & pource qu'elle estoit de bonne composition, il ne tarda guere à obtenir d'elle ce que l'on appelloit autrefois le don d'amoureuse mercy.
Depuis

Depuis comme elle demeura longtemps au Ciel, il eut assez de moyens de la voir, encore que Iunon fut de retour, mais Vulcan l'ayant vn iour guignee de trauers, qui estoit sa façon de regarder la plus agreable, la trouua tellement à son gré, qu'il pensa que cette ieune rieuse estoit propre à estre sa chere moitié, c'est à dire en vn mot son espouse & sa mesnagere. Il en fit la demande à son pere Iupiter, qui le trouuant assez grand pour estre pourueu, en solemnisa le mariage à petit bruit, & le Dieu Forgeron la mena demeurer dans son Isle de Lemnos où estoit sa forge, & où il forgea si bien, qu'il creut estre pere d'vn beau garçon qu'elle lui fit au bout de quatre mois, car notez que les Deesses ne portent pas si long-temps que les femmes mortelles. Le bon homme n'eut point de soupçon pour cecy, & n'en troubla point son mesnage. Ce qui le resjoüit le plus, fut que cet enfant n'eut besoin que teter deux ou trois iours, au bout de là il beuuoit, mangeoit, parloit, & marchoit aussi bien que sa mere, & plus droit que son pere; Il lui vint mesme des aisles au dos pour voler par tout comme vn oiseau. Estant entré aussi dans la forge, il se fit vn arc & des fleches, & se mit vne grosse trousse sur le dos, puis volant tantost au Ciel & tantost sur la terre, il blessa hommes & Dieux; il ne leur fit que des playes qu'ils trouuoient au commencement fort agreables, mais qui deuenoient pourtant assez cuisantes. Plusieurs se plaignirent enfin de la cruauté de ce petit Dieu. Sa mere auoit beau le foüetter; l'on ne vid iamais vn plus meschant petit fils de ribaude, d'autant que de verité elle faisoit semblant quelquefois de le chastier lors qu'elle adheroit à ses malices. Iupiter en estant auerty manda au Ciel la mere & cet enfant gasté, afin de les corriger tous deux: Mais plustost que de s'amender, ils mirent du desordre par tout. Venus enseigna la coquetterie aux Deesses, & aux Dieux mesmes; Elle leur apprit à se friser & à se farder. Comme les inuentions que l'on treuue les plus belles, viennent quelquefois de peu de chose, deux ou trois mouches estans volees sur sa ioüe, le Dieu Mercure trouua qu'elles donnoient du lustre à son teint, & se fascha contre Pallas qui les vouloit chasser auec la pointe de sa lance. De là Venus prit occasion de s'imaginer qu'il falloit donc porter des mouches artificielles pour auoir bonne grace, tellement qu'elle s'appliqua de petites noirceurs au visage, tantost en vn endroit, & tantost en l'autre, & cela ne pleut pas seulement à quelques Deesses, mais aussi à quelques Dieux, & entre autres au beau Phœbus ce jouuenceau à la perruque blonde, qui se mit sur le visage quelques petites marques noires en guise de mousches, & c'est ce que nos Philosophes ont obserué, lors qu'ils ont dit qu'il y auoit des taches au Soleil, & c'est aussi ce que nos Astrologues modernes qui pensent descouurir tout le mesnage des Dieux auec leurs lunettes à longue veuë, ont pris pour des Astres qui faisoient leur cours autour de luy. C'eust esté vne estrange chose si Venus qui auoit mis tout l'Enfer en liesse à sa venuë, & qui auoit mesme inspiré l'esprit de coquetterie & de gentillesse aux trois Furies, n'eust pas eû vn semblable pouuoir sur les Diuinitez celestes qui n'ont autre chose à faire qu'à se rendre agreables l'vne à l'autre. Ceux mesmes qui có-damnoient les deportemens de cette Deesse, estoient des premiers à les imiter, tellement qu'à cause des inuentions qu'elle donnoit de bien passer son temps, elle fut reueree comme Deesse des voluptez, & son fils que l'on auoit nommé Cupidon ou Dieu de conuoitise & d'amour, eut la charge de blesser les cœurs de ceux qui se plaisoient à la veuë d'vne Beauté, & en desiroient des faueurs. Leur Empire s'estendit dans le Ciel, sur la terre, dans les eaux & dans les Enfers, & chacun des trois freres Dieux le souffrit, pource qu'ils s'imaginoient chacun auoir donné l'estre à ce petit Dieu qui faisoit de si grands coups. Quant à Venus, voulant recueillir les vœux & les hommages que l'on luy faisoit, elle se promenoit aussi par toutes les regions de l'Vniuers auec assez de liberté, d'autant que l'estoille du troisiesme estage du Ciel dont elle auoit la charge, estoit attachee dans vn Orbe deferent comme vne chandelle dans vn chandelier, & faisoit bien sa course sans elle, tellement qu'il ne se passa guere d'annees qu'elle n'eust communiqué ses faueurs amoureuses iusques aux Faunes & aux Satyres, & qu'elle ne se fut rendu aussi familiere aux hommes depuis les Princes iusques aux Bergers, mais elle n'en estoit pas moins belle, & ne s'en croyoit pas moins estimable, puis qu'il y a du merite à faire que les choses les plus vtiles & les plus desirees soiét renduës publiques. Ainsi le Soleil & la Lune font part de leur lumiere à tout le Monde. Elle enseigna aussi à plusieurs femmes de l'imiter, & celles qui ne furent pas d'humeur à s'abandonner à vne telle licence, au moins en deuindrent plus douces & plus pitoyables, de farouches & cruelles qu'elles estoient auparauant, tellement qu'encore que plusieurs personnes voulussent tousiours suiure les loix de la chaste Diane, si est-ce qu'elles ne gagnoient rien sur le plus grand nombre qui estoit du costé de Venus, car mesme la nopciere Iunon qui reprouuoit les prostitutions vniuerselles, faisoit cas de ses allechemens & mignardises, quand ils estoient obseruez entre deux amans qui s'aimoient d'vne amour reciproque & loyalle, à dessein de se ioindre eternellement d'vn ferme & honneste lien : C'est pourquoy encore que cette Deesse fut capable de causer beaucoup de maux auec les traits de son fils, l'on ne laissa pas d'auoüer qu'il en prouenoit aussi de grands biens, & qu'elle mettoit la paix, l'alliance, le bon accord, & quantité d'autres felicitez en des endroits où il n'y en eust iamais eu sans elle. Ainsi ses amours diuerses que nous auons racontées sont tres vtiles à apprendre, puis qu'encore que l'on n'ose pas faire comme elle en tout & par tout, & comme tous les Dieux & Deesses qui ont des priuileges que n'ont pas les pauures humains, si est-ce qu'il est permis de se former vn abregé ou diminutif de leurs deportemens, pour ioüir aussi d'vne image de leurs delices. Nous sçauons bien que ce n'est pas là tout ce qui s'en peut dire, & que pour Venus elle a eu de grandes familiaritez auec

Mercure & Apollon, & sur tout auec Mars qui a esté surpris auec elle en flagrát de lit en presénce de toute la Cour celeste. L'on a veu aussi sur Terre cóme elle a aimé Anchise & le bel Adonis, auec qui elle a eu des amours si publiques, que l'on en a fait des chásons par les carrefours des villes, & que les enfans en ont esté à la moustarde, & les valets les ont chátees en allant au vin. L'on en a mesme exposé des tableaux dans les boutiques des Peintres, où elle monstre toute sa turpitude, tellement qu'il y auroit bien encore à iaser sur ce sujet; D'autres Dieux & Deesses ont eu quantité de belles auantures que l'on pourroit raconter d'vn stile aussi ioyeux & plus veritable que ce qu'en ont dit des morfondus d'Autheurs, qui s'imaginent que l'on les tiendra pour gens de consideration par leur seriosité, mais vous vous contenterez s'il vous plaist pour cette heure, Messieurs les Lecteurs, de ce que l'on en a rapporté icy, pource que c'est vn portraict de Venus commencé, auquel personne n'osera toucher, nou plus qu'à celuy qu'auoit commencé Apelle.

RELATION GROTES-
que, *Burlesque, Comique, & Maccaronique, des Amours & transformations de Vertumne pour la belle Pomone Nymphe Neustrienne, auec leur Genealogie.*

Et la mort pitoyable du pauure pendu d'Iphis, miserable amant de la cruelle Anaxarete.

Le tout fidellement extraict des Metamorphoses reformées.

GENEALOGIE DE VERTVMNE ET DE POMONE.

Vɪ vid iamais vn Poëte plus menteur que Publius Ouidius Naso ? Ne pretend

il point en estre estimé plus habile dans son mestier, d'autant que l'on tient que le sujet de la Poësie est le mensonge? Mais encore pour garder la bien-seance, ne faudroit il mentir qu'aux choses obscures, sur lesquelles personne ne le pourroit conuaincre de fausseté, non pas aux choses visibles & aisées à connoistre. Il ne se contente pas d'auoir tiré aux cheueux Mademoiselle l'Histoire pour la conuertir en Fable, & la placer dás ses belles Metamorphoses; Ayát raconté les auentures d'Enee & de ses successeurs, qui furens les Rois Latins, il y ioinct sans aucun propos les amours du Seigneur Vertumne enuers la belle Pomone, comme s'ils eussent esté de ce païs là. Il estoit bien besoin que ce maistre Nason mît son nez dans les affaires d'vne si belle Nymphe, pour mentir si impudemment comme il a fait, disant qu'elle estoit du païs Latin, au lieu qu'elle ne fut iamais d'autre païs que de notre belle Neustrie. Or vous autres qui n'estes pas instruits aux antiquitez Geographiques, sçachez que par la Neustrie nous entendons cette fertile Prouince qui a esté appellée Normandie depuis qu'elle a esté habitée par les hommes du Nort. Hé quoy, ce Poëte croyoit il que cette sage Dame eust voulu celer sa patrie, comme font quelques sots valets à loüer, s'imaginant qu'il y ait du mal à soupçonner touchant leur nation? Ouy, Pomone estoit Normande; Elle vouloit bien que chacun le sceut, & Ouide a eu tort de ne le pas dire. Le nom, la condition, & l'humeur de cette Nymphe le publient assez. Elle ne s'appelloit Pomone qu'à cause qu'elle estoit née en vn lieu où il y auoit beaucoup de pommes, comme il y en a tousiours à foison en Normandie, & pource qu'elle n'auoit autre exercice que de cultiuer les arbres qui portent ces excellens fruicts, n'aimant rien à l'esgal d'vne telle occupation. Peut-estre que nos rechercheurs d'anticailles viendront icy estaller leur science, nous declarant que les Hebreux & quelques autres peuples entendoiét toutes sortes de fruicts par les pommes, tellement qu'à ce compte ils se figurent que Pomone estoit appellee ainsi, pource qu'elle s'amusoit à la culture de toutes sortes d'arbres, sans se soucier s'il en viendroit des cerises, des abricots, des figues, des poires ou des pommes, pourueu qu'il y vint quelque fruict, mais qu'ils rayent cela de leurs papiers, & qu'ils s'asseurent qu'elle n'aimoit que cet excellent fruict à pepin qui est de forme ronde, & qui mesle la couleur verte, & quelquefois la citrine à la vermeille; Aussi demeuroit elle dans vn païs où il y en a si grande abondance, que l'on peut dire que c'est le païs des pommes: Mais il faut croire de verité qu'il n'y en auoit possible pas tant deuant sa naissance, & que par le soin qu'elle y employa l'on en vit en beaucoup de lieux où il n'y en auoit pas eu auparauant. C'est de cette Nimphe Normande que nous auons dessein de faire mention. Elle estoit fille d'vn bon Laboureur du pays, & d'vne riche Iardiniere qu'il auoit espousee en secondes nopces, de laquelle il auoit eu en mariage de beaux vergers que Pomone s'estoit pleu à cultiuer de ieunesse: de sorte que son pere & sa mere estans morts, & se voyant fille vnique, vfante & iouyssante de ses droicts, elle vouloit tousiours continuer le mesme mestier. Ce fut aussi en plissant vne pallissade de pommiers qu'elle fut vn iour apperceuë du gentil Vertumne qui en deuint autant amoureux en ce moment, que s'il n'eust fait autre chose que la voir toute sa vie. Or iusques icy l'on a eu grande difficulté à sçauoir qui estoit ce iouuenceau, veu qu'il y a des Poëtes qui l'appellent vn Dieu, & nous ne trouuons point qu'il eust iamais habité dans le Ciel. Il faut donc qu'il ait esté deifié apres sa mort, & plusieurs diront qu'il estoit seulement vn Demi-Dieu durant sa vie. Or d'estre vn Demi-Dieu, c'est estre engendré d'vn Dieu & d'vne femme mortelle, ou d'vn homme mortel & d'vne Deesse. Voylà la belle Theologie de nos anciens: Il pouuoit donc estre Demi-Dieu

Demi-Dieu de cette sorte, mais là dessus ie me propose encore vne grande question; car il n'appartient qu'aux sçauans comme nous de faire des enquestes de tout; Ie demande, quand ces Demi Dieux demeuroiét en terre comme nous autres hommes, en quel ordre de condition ils estoient rangez? Estoient-ils du Clergé, de la Noblesse, ou du tiers Estat? Ils n'estoient pas du nombre des Prestres & Sacrificateurs, puis que c'estoit à eux mesmes que l'on deuoit sacrifier; & d'autant que c'est l'ordre le plus haut, il semble qu'ils ne deuoient pas non plus estre des autres qui sont moindres: Neantmoins viuans à la maniere des hommes, l'on peut dire qu'ils en suiuoiét les differentes conditions; Mais si cela est, nous voylà encore empestrez dans le doute; car demeurans aux champs comme ils faisoient d'ordinaire, payoient-ils la taille comme les simples païsans? Ne riez pas de nos difficultez : Elles sont dignes d'vn bon esprit. Nous auons ouy pour resolution de Messieurs les Iurisconsultes, que ceux qui estoient enfans d'vn Dieu qui portoit les armes, comme de Mars qui porte l'espee, & de Neptune qui porte le Trident, estoient iugez Nobles & exempts ; mais que pour les enfans du Dieu Pan & des Faunes, qui estoient des Dieux agrestes & rustiques, ils estoient taillables & sujets à toute contribution, comme vilains & roturiers qu'ils estoient, & que mesme les enfans de Mercure le Dieu d'Eloquence, & ceux d'Apollon le Dieu de la Poësie, n'en estoiét pas exempts auec tout leur sçauoir, ce qui estoit pourtant fort honteux à cause du respect que l'on deuoit aux bonnes Lettres. Quát à ceux qui estoient fils d'vn homme roturier & d'vne Deesse, l'on dit qu'ils n'estoiét reputez Nobles qu'en de certains pays où le ventre ennoblit. Or Vertumne, pour en parler franchement, n'estoit fils que d'vn pauure Faune qui gagnoit sa vie à fendre du bois, car il ne faut pas croire que les hommes de ce temps-là donnassent à boire & à manger pour neant à tant de Pans, Ægipans, Faunes, Satyres, & autres Demi-Dieux qui se trouuoient alors, lesquels les eussent plus ruinez en vn iour qu'vne venuë de gendarmes; Aussi ne se contentoient ils pas de gland dans leurs forests, & de l'eau claire des ruisseaux, estans trop goinfres pour cela, tellement qu'il faut conclurre que ceux qui estoient bien morigenez, gagnoient

Y ij

l'entretien de leur vie par leur trauail, & les autres viuoient de subtilitez & de ropines.

LA METAMORPHOSE
de la Nymphe des eaux de Forge.

LE pere de Vertumne quoy qu'il fut vn Demi-Dieu Faune, estoit donc vn buscheron Neustrien ou Normand, appellé Druydan, & sa mere appellee Forge, estoi[t] vne ieune Hamadryade du mesm[e] pays, qui gagnoit sa vie à filer pou[r] autruy. Nous l'appellons Hama[-]pryade à cause que sa mere l'estoit, [&] se cachoit entierement sous l'escor[ce] d'vn chesne. Pour elle qui n'esto[it] qu'vne fille mortelle, elle se conten[-] toit de viure à l'ombre de cet arbre; mais les bónes qualitez qu'elle auoit en elle ne laissoient pas de la faire aimer des Demi-Dieux, & mesme des Dieux de la contree. Druydan luy ayant declaré sa passion, elle trouua tant de merite en luy, qu'elle luy accorda l'honneur de son alliáce. Neuf mois apres leur mariage, elle se vid mere de Vertumne, & d'autant qu'elle estoit femme de mesnage & de preuoyance, elle cogneut que si elle auoit des enfans en quantité, elle seroit incommodee si elle n'auoit dequoy les substanter, & que si elle vouloit faire vne bonne maison, il falloit faire vn autre mestier que de filer. L'on a tousiours appellé le pays de Sapience cet endroit de la terre où elle estoit nee, à cause du sçauoir, industrie ou ingeniosité de ses habitás, ce qui est autát pour les femelles

Y iij

que pour les masles, & mesme sous vn corps de femme, celle-cy cachoit vn courage & vne adresse d'homme. Comme elle se treuuoit donc en vn quartier qui abondoit en mines de fer, & en bois propre à chauffer les fourneaux pour fondre ce metal, elle apprit ce secret aux gens du pays, l'ayant auparauant appris de sa mere, & par son bon esprit elle inuenta encore beaucoup de machines qui seruoient à la facilité de l'ouurage. De là vint que l'on luy rendit des honneurs comme aux Diuinitez qui auoient treuué l'inuention des Arts necessaires à la vie humaine, & l'on ne l'appella plus autrement que la Nymphe Forge. Elle estoit la surintendáte des mines, des fourneaux, & des forges de la Prouince, ce qui luy estoit d'vn grand reuenu; mais alors le Dieu Vulcan fut ialoux de ce qu'elle auoit fait cette entreprise de son chef, & sans auoir pris commission de luy, comme estant le Dieu qui preside au feu, & à tous ceux qui trauaillent par le moyen de cet element. Il part vn iour de sa maison tout renfroigné, sans vouloir dire ce qu'il auoit, quelque priere que luy en fit sa femme la belle Venus, qui neantmoins estoit bien aise qu'il s'absentast, pour entretenir auec plus de liberté ses fauorites. Il vient vers la demeure de Forge si legerement, qu'il sembloit que Iupiter luy eust donné de meilleures iambes que les siennes. Son dessein estoit pour premier compliment de descharger son gros marteau sur la caboche de la Nymphe, qui ne s'attendoit aucunement pour ce iour là d'auoir vn tel martel en teste. Aussi ne l'eut elle pas: Elle estoit trop belle pour estre si mal traittee. Vulcan ne l'eut pas sitost apperceuë, qu'il receut dans sa poitrine vn feu plus vif que celuy de tous ses fourneaux, mais il est vray que c'estoit vn feu qui auoit de la douceur & du charme, puis que ce n'estoit qu'vn feu d'amour. Vne passion ceda à l'autre: la colere que l'enuie auoit allumee fut incontinét amortie, & voylà Vulcan qui tout las qu'il estoit tache à marcher droit, se met sur sa bonne mine, releuant ses moustaches de sa main droite, & ne tenant plus son marteau que de la gauche, encore n'y employoit-il que deux doigts pour serrer le manche, le gros bout se reposant sur son espaule. Il auoit dessein de se desguiser, & de ne point passer pour ce qu'il estoit, & neantmoins, voyez commét la complaisance que l'on a pour soy mesme emporte le dessus, puis qu'il ne laiſſoit pas d'auoir ſoin de paroiſtre agreable de ſa perſonne. Tout ce qu'il pût faire, ce fut de ſe cacher par ſes diſcours. Il dit à la Nymphe qu'il eſtoit vn pauure Forgeron qui cherchoit à trauailler à la iournee, & que ſi elle luy vouloit dôner de l'employ, elle ſe trouueroit bien de ſon trauail: Mais la fumee qui ſortoit de ſa teſte, & les eſtincelles qui éclattoient à tous momens hors de ſes yeux, firent auſſi-toſt cognoiſtre ce qu'il eſtoit. La Nymphe Forge le reuerant donc comme le Dieu du feu & le Dieu de ſon meſtier, s'eſtant proſternee en terre, luy dit ces paroles; Grand Dieu, vous ne deuez point douter que quand le iour de voſtre feſte ſera venu, ie ne ſois des premieres à vous offrir des ſacrifices, comme eſtant de vos ſujettes & dependantes; mais pardonnez moy ſi ayant trouué ce pays propre à dresser des Forges, ie m'y suis employée sans vous en auoir esté demander permission. Vous demeurez d'ordinaire en l'Isle de Lemnos; Il m'eust fallu beaucoup de temps pour aller iusques là, & ie ne suis nullement propre à aller sur mer, estant trop craintiue sur l'eau: Nous ne faisons pas nos voyages si commodement que les Diuinitez, qui se font porter par l'air en peu de temps sur des oyseaux, ou dans des chariots volans, & qui peuuent mesme voler tous seuls. Auec cela ie n'ay pas creu vous offencer beaucoup en trauaillant à mon nouueau mestier. Vous autres Dieux qui auez vostre vie gagnee, seriez vous faschez de ce que les pauures humains taschent à trouuer quelque moyen pour se subuenir dans leurs necessitez? C'estoit pitié que de

de la Nymphe des eaux de Forge. 377

mon fait si ie n'eusse trouué cette inuention, ayant vn mary dont le trauail n'estoit pas capable d'entretenir nostre famille. Elle vouloit continuer à estaler ses raisons, lors que Vulcan l'interrompit par vne impatience amoureuse, & continua de luy parler d'vn ton nazard & de Iodelet, selon sa coustume; car il auoit cette difficulté de parole depuis qu'il s'estoit escarboüillé le nez contre vn rocher lors qu'il fit vne si belle cullebutte du haut des Cieux. Quitez vostre anxieude & vos doleances belle Reyne de mon embrasement, luy dit il, vos puissantes flammeches ont volé iusques à mon cœur, où il se fait des fourneaux plus ardés qu'il n'en faudroit pour fondre tous les metaux de cette côtree; Mais pource que c'est vn feu doux & gracieux, ie ne demáde qu'à l'exciter dauantage,

& ce n'est que pour cet effect que ie m'approche de vous. Si vous auez voulu estre de mon mestier, ie vous en aime d'autant plus pour la sympathie de nos humeurs. Quelques lágues venimeuses ont adiousté que la Nymphe auoit si peur de desobeïr à ce Dieu, qu'il obtint d'elle fort facilement tout ce qu'il en desira, & qu'il en fit tousiours depuis grande estime. Les autres publient au contraire, qu'il la mesprisa apres vne prompte iouïssance, & qu'il voulut mesme luy empescher de continuer sa profession, dont elle eut beaucoup de regret, de sorte que s'estant enfermee dans les concauitez d'vne mine de fer, elle pleura tant qu'elle fut changee en fontaine. Plusieurs ont dit aussi que ce fut la Deesse de la Terre qui luy fit souffrir cette metamorphose, pour se vanger de ce de la Nymphe aux eaux de Forge. 379

qu'elle auoit entrepris sur son domaine, y faisant faire tant de trous pour chercher du metail; Quelques autres en attribuent la cause au Dieu Pan qui se faschoit de ce qu'elle degradoit ses forests pour entretenir le feu de ses fourneaux, & il y en a eu mesme qui ont asseuré que ce furent quelques Nymphes de fontaine qui supplierent les Dieux de la mettre de leur nombre, à cause qu'elle auoit violenté leurs ruisseaux pour faire tourner des roües qui faisoient iouër les soufflets de ses Forges, afin qu'elle pust aussi estre obligee à l'auenir à semblable peine. Quoy qu'il en soit chacun demeure d'accord de sa metamorphose, & du lieu où elle fut metamorphosee, qui estoit dans cette mine de fer, par laquelle ses eaux ayans commencé de couler, elles en garderét tousiours depuis la saueur,

& la source où elles commencerent à paroistre sur terre fut appellee Forge de son premier nom. Il est vray que pour monstrer que les Dieux ne luy ont point fait souffrir ce changement pour la rendre miserable, & luy donner vn trauail sans honneur, l'on ne void point que son eau soit destinee à faire moudre des moulins, ou à quelque autre vil exercice, & à peine a t'on souffert, depuis qu'elle ait coulé sur la Terre, le receptacle ordinaire des ruisseaux estant iugé indigne d'elle; L'on la puise sans cesse à grandes cruchees; Hommes, femmes, garçons & filles de toute sorte d'âges & de conditions y viennent boire auec grand presse, & au lieu qu'ayant beu plein vn verre des autres eaux l'on est rassasié, l'on boit de celle-cy quinze, vingt, voire vingt-cinq ou trente verres. Pour luy faire honneur l'on se purge le corps au patauát de toutes ses mauuaises humeurs, afin de luy faire place nette, & ayant enuie de la boire, l'on la reçoit aussi dans de beaux verres & de belles tasses d'argent, & le bourg qui est proche où se logent tant de beuueurs & de beuueuses, à ce bôheur qu'il séble qu'il y soit tousiours feste, tát il y a de resioüissance. L'on ne fait qu'y ioüer, saulter & danser soir & matin, & par vne liberté tres-grande l'on y quitte le jeu & le bal quand l'on veut, sans que l'on vous demande où vous allez, pource que l'on s'en doute bien, & que chacun a le mesme priuilege de s'emplir & de se vuider comme il lui plaist. Que si quelques-vns ont de la peine à croire que l'on puisse gouster tant de plaisirs dans vn lieu où l'on boit de l'eau par excez, veu que tant

de gens en mesprisent l'vsage, qu'ils considerent que ce n'est point là vne eau commune, & que l'yvrognerie que l'on en commet est agreable & vtile, puis que mesme de malade & melancholique que l'on estoit auparauant, l'on en reuient sain & gaillard, & qu'vn tel breuuage vaut mieux pour quantité d'infirmes que plusieurs drogues des Apotiquaires. Voylà le bien qui est procedé de la metamorphose de la Nymphe Forge, qui outre qu'elle a trouué l'inuention de forger, & de ne point laisser les metaux inutiles, donne encore la guerison à plusieurs maladies par son eau ferree, & sur tout rend plusieurs femmes capables d'auoir lignee, leur en monstrant souuent l'effet sur le lieu, quoy que l'on les tint pour steriles, car ses eaux ont le pouuoir de chasser plusieurs obstru-
ctions,

de la Nymphe des eaux de Forge. 385

ctions, & d'oster les empeschemens de la generation, ce qui est le plus grand honneur qui puisse mesme arriuer à Iunon la nopciere. L'illustre Vertumne dont nous auons entrepris de parler, estoit le fils de cette Nymphe, né en legitime mariage, sans tirer à consequence pour ses autres enfans si elle en eut depuis, & comme il aimoit fort sa mere dont il estoit le mignon, il se fascha assez de ne la voir plus, puis qu'il couroit la pluspart du temps apres elle en pleurant & criant ainsi qu'vn ieune veau apres la vache. Enfin il se consola lors qu'il eut l'âge de discretion, & lors qu'il songea qu'il valoit autant qu'elle eust esté metamorphosée en fontaine, que si son corps eust esté bruslé dans vn buscher mortuaire, ou mis en terre pour estre pourry, & luy mesme il beuuoit quelquefois de

Z

son eau pour faire entrer en luy celle dont il estoit sorty. Il estoit aussi fort glorieux de son origine, & d'auoir vne Mere conuertie en vne fontaine dont tant de gens s'abbreuuoient, que l'on la pouuoit tenir pour publique.

AMOVRS ET TRANSformations de Vertumne pour Pomone.

QVoy que le pere de Vertumne fut pauure, & gagnast sa vie à la sueur de son corps, si est-ce que l'on ne luy pouuoit disputer la qualité de Demi-Dieu Faune, & la mere Forge estoit aussi alors vne Nymphe Nayade, où si l'on veut Deesse de fontaine, tellement que ce feune gars tout enorgueilly de sa haute race, s'en alloit se quarrant dans son village comme vn coq sur vn fumier, & juroit hardiment qu'il estoit vn si riche parti, qu'il ne l'auroit pas qui voudroit. Ayant vn peu fasché son pere pour quelque fripponnerie qu'il auoit faite (les vns disent que ce fut pour lui auoir mâgé sõ disner, les autres pour auoir euacué les entrailles de sa bourse.) Il est constant que ce rude pere lui ietta vn tison à la teste, dont il fut si indigné qu'il resolut de quitter parens & amis, & s'en aller tant que terre le pourroit porter. Il fit tant par ses iournees, qu'ayant passé la riuiere de Seine sur vn pont qu'il y rencontra, il fut dans la basse Neustrie qu'il trouua tres-riate & tres-agreable, estant ornee de belles prairies & d'arbres verdoyans. Ce fut là qu'il

Z ij

perdit sa liberté en voyant Pomone, & tout fier qu'il estoit il creut qu'vn si bel object estoit digne de lui. Le dessein qu'il auoit eu de se diuertir en voyageant fust incontinent tout changé ; Le voilà arresté, comme si vne forte barriere se fust presentee en son chemin. Il ne songe plus qu'à rechercher l'alliance de cette belle en tout bien & en tout honneur, d'autant qu'il ne croyoit pas en venir à bout autrement, quoi qu'il eust long-temps ruminé dans son esprit aux remedes qu'il pouuoit apporter à la passion qu'il auoit pour elle, depuis que sans qu'elle y pensast, ses yeux qui estoient innocens du crime qu'ils commettoient lui auoient poussé vne estocade au troisiesme bouton : Mais comme il craignoit que sa demande fust payee de refus, & qu'il n'eust incontinent son congé de bouche ou par escrit, il n'estoit pas d'auis de se voir ainsi mesprisé à sa barbe, puis que barbe il commençoit d'auoir : Il luy sembloit que plustost que de se precipiter dans vne occasion hazardeuse, il falloit d'abord tenter les voyes, sonder les guais, & chercher les moyés de faire tout reüssir auec vne si bonne chance, que l'on le prist pour nécoiffé. La renommee aux langues infinies luy auoit assez appris que la maistresse de son cœur estoit d'vne humeur si austere, pour ne point dire farouche, que si elle connoissoit qu'vn homme eust quelque dessein pour elle, sa fuite seroit plus prompte que celle de la biche à la veuë du chasseur. Il n'estoit pas si mal auisé que de s'aller monstrer à elle auec ses plus beaux attours qui luy donneroient aussi-tost du soupçon de la verité. Son opinion fut qu'il falloit auparauant esprouuer ses inclinations, & sçauoir si elles estoient telles que le vulgaire en murmuroit. D'ailleurs il estoit bien aise de considerer auec loisir les beautez de son visage qui l'auoient si fort charmé, & il eust bien voulu la pouuoir voir sans estre veu, afin de la voir plus long-temps. Il ne sçauoit point pourtant de secrets pour se rendre inuisible, & il ne trouuoit point de lieux où il se pût cacher commodement par plusieurs heures pour la regarder. La premiere occasion qu'il auoit euë de la voir ne se rencontroit pas tous les iours. Le mieux qu'il pouuoit faire estoit de se presenter à elle en habit déguisé, d'autant qu'alors il la pourroit voir sans estre veu d'elle, s'il le faut ainsi dire, puis qu'elle le prendroit pour vu autre.

Par cette inuétion il ne couroit point de risque. Voilà donc qu'il se resout à tous les changemens imaginables pour obseruer toutes les actions de celle qu'il aimoit desia plus que soy mesme, car il ne s'aimoit soy mesme que pour l'amour d'elle. Nos Historiens demeurent d'accord que dés sa petite ieunesse il s'estoit tellement adonné aux fourbes & aux subtilitez, ou pour mieux dire aux adresses des Basteleurs & des Comediens, qu'il n'y auoit aucun personnage qu'il ne fust capable de iouer, & il vouloit bien faire l'essay de plusieurs pour la conduite de son amour; Mais comme il lui manquoit beaucoup de choses qu'il auoit laissees au logis de son pere, il y retourne soudain, & ayant fait la paix auec lui, il lui fait esperer qu'vn voyage reiteré le doit rendre aussi heureux que sage, si bien qu'il le pourueut de ce qui étoit necessaire pour son equipage, & luy emplit tellement sa bourse de pieces de trois blancs, qu'il sembloit qu'elle alloit creuer d'vn si gros aposthe-me. Ayant dressé son bagage, il quitta les aspres forests où il auoit esté nourry pour visiter les plaisans boccages qui enuironnoient le domicille de sa chere Pomone; Mais il reconnut incontinent qu'il estoit encore plus difficile de la voir qu'auparauant; Qu'elle n'auoit presque plus de vergers qui ne fussent clos de murailles ou de hayes viues, & de bons fossez pleins d'eau, d'autant qu'elle craignoit l'abord des Rustres & Pastres de là autour, & encore plus celui de la petite Noblesse du pays qui s'en faisoit accroire de telle sorte, qu'il sembloit qu'elle fut obligee de lui tenir teste à cageoller. C'estoit des Cadets de haut appetit qui se tenoient si glorieux de leurs ancestres, qu'ils pensoient que Pomone fust vne roturiere au prix d'eux, & qu'elle seroit trop heureuse de les auoir pour maris, bien qu'ils fussent plus gueux que les rats d'vne maison deshabitee, & qu'ils n'eussent enuie seulement que d'auoir ses biens pour en faire vne gorge chaude. Mais elle n'estoit pas si aisee à brider, Elle etoit plus fine qu'ils ne pensoient. Si elle auoit parlé à eux quelquefois, elle leur auoit fait croire par feinte qu'elle ne s'estimoit pas digne de les debotter, ny mesme d'estre employee à tuer les puces de leurs leuriers; puis se tenant close & couuerte chez elle, elle auoit commandé à tous ses gens de ne point prendre de lettres qui vinssent de leur part, quand mesmes les messagers ne demandroient rien pour leur vin, & quoy qu'il y eust dessus, le port est payé, Pour ce qui estoit des Faunes & des Satires, dont la contree estoit assez bien garnie, encore que leur lasciuité, leur legereté & leur subtilité fussent à craindre, elle sçauoit bien comment il y falloit pourueoir ; car sçachant qu'ils vouloient passer ses fossez à la nage, & entrer chez elle par des arches où s'escouloient les eaux, & par quelques trous mal bouchez, elle y auoit fait tendre des lassets, des tresbuchets & autres pieges & attrapoires, comme pour prendre des renards & des loups, où elle en auoit surpris six ou sept qui estoient demeurez trois iours & trois nuicts serrez & garrottez, les vns ayant la moitié du corps dans l'eau aux endroits où les fossez estoient pleins, & les autres estans demeurez enfermez entre des grilles auec vne estrange posture, tellement qu'il y en auoit eu quatre ou cinq qui en estoiét morts, moitié de douleur, & moitié de rage, (car tous ces Demi Dieux ne sont pas immortels) & les autres auoient esté sauuez par quelques paisans remplis de charité & de misericorde. Vertumne n'estoit pas d'auis de se mettre en de tels perils : car il estoit aussi prudent qu'vn amoureux le peut-estre, & auant que de chercher les moyés d'entrer chez Pomone, il vouloit essayer de la voir dehors si elle sortoit quelquefois pour s'aller recreer; mais elle ne prenoit point plaisir à d'autres champs qu'à ceux qui lui appartenoient, & qu'elle vouloit cultiuer de ses mains, lesquels elle auoit fait enclore pour se sauuer de la veuë des estrangers. Que si elle sortoit quelquefois, ce n'estoit que pour rendre ses deuoirs à quelque Diuinité que l'on adoroit au païs. C'estoit la seule occasion que Vertumne pouuoit espier pour la voir dehors, & en attendant quelque affamé qu'il fut, de repaistre ses yeux de la veuë d'vn si rare objet, aliment de son ame, il falloit qu'il demeurast triste & languissant pour vn si long ieune de ses beautez.

Le menteur Ouide nous veut apprendre plusieurs transformations de cet Amant, lesquelles n'ont pas esté telles qu'il les raconte. O combien de fois, dit-il, prenant l'habit & la forme d'vn moissonneur dur au trauail, porta-t'il les gerbes sur son dos? Souuent il auoit aussi ses temples enuironnees de foin nouueau, & à le voir vous l'eussiez pris pour vn faucheur de prez; Vne autre fois il portoit vn aiguillon en main, de sorte que l'on le pouuoit prendre pour vn bouuier qui venoit de destacher ses bœufs de la charruë: Quand il auoit vne serpe en main, c'estoit vn esmondeur d'arbres ou vn tailleur de vignes; Auoit-il vne eschelle sur son espaule, vous l'eussiez pris pour vn cueilleur de pommes; S'il auoit vne espee au costé c'estoit vn vray gendarme, & s'il auoit vne ligne en main c'estoit vn pescheur. N'allez pas si viste, Monsieur Ouide; Vous auez dit que Pomone se tenoit enfermee dans ses vergers, & qu'elle ne prenoit plaisir qu'à cultiuer ses arbres; Que tantost elle couppoit les bourgeons qui abondoient par trop, & les branches superfluës; Tantost elle fendoit l'escorce des arbres, & y mettoit vn bourgeon ou greffe d'vne autre plante, & ainsi faisoit qu'vn rejetton estoit nourry du suc d'vn arbre estranger; Qu'elle n'auoit garde aussi d'endurer que les arbres eussent soif, mais qu'elle faisoit couler les eaux des fontaines entre leurs racines pour les abreuuer; Qu'au reste elle ne prenoit point plaisir aux forests ny aux riuieres, n'aimant ny la chasse ny la pesche, & qu'elle ne chargeoit point sa main ny ses espaules de dards & de fleches, ou de filets, de reths & de nasses; Quel loisir pouuoit-elle auoir aussi de chasser ou de pescher? Et comme elle ne cherchoit point de tels passetemps, ceux qui y seruoient auoient ils affaire aupres d'elle, & n'eust-ce pas esté en vain que Vertumne eust contrefait le chasseur & le pescheur? Pour ce qui estoit d'auoir l'espee au costé comme vn soldat, ou vn noble à la rose, y auoit-il quelque chose de plus capable de la faire fuir quatre lieuës sans regarder derriere elle, puis que les personnes de sa sorte ne haïssoient rien tát que ces géspille-hommes plustost que ces gentils-hommes, qui font les brauaches pour espouuanter le bourgeois & le manant, & ne demandans qu'à viure à leurs despens, en donnant eschec & mat à la pudicité de leurs filles, font trophee apres de leur belle action, comme s'ils estoient entrez les premiers dans vne ville par vne breche raisonnable. Vertumne estoit trop bien nourry en l'amour de la vertu pour les vouloir imiter, & il sçauoit aussi qu'il n'y seroit pas le bien venu. Que si l'on croid que pour iouer vn personnage contraire, & moins soupçonneux, il prenoit quelquefois la forme d'vn bouuier ou d'vn faucheur, & d'vn moissonneur, il n'y a pas beaucoup d'apparence qu'il fut si mal conseillé que de se donner cette peine inutilemét, veu que Pomone n'auoit aucun soin du labourage, aimant si fort les pommes, que la pluspart du téps elle les mangeoit sans pain, & ne viuoit que de cela, sans se soucier que les bœufs traisnassent la charruë pour former des sillons où l'on semeroit du grain qui rapporteroit au centuple, & aussi peu auoit-elle esgard aux moissonneurs qui couppoient le bled dont elle n'auoit pas de necessité pour le faire moudre, afin d'en paistrir des miches, des gasteaux, ou des tourteaux en pesle, qui n'estoient pas son ragoust. Pource qu'elle n'auoit pas non plus de cheuaux à nourrir, ni les faucheurs ni leur foin ne lui estoient point necessaires. Bien auoit-elle besoin d'vn cueilleur de pommes, car ses seruantes

tes bien morigenées comme elles estoient, faisoient souuent difficulté de monter sur les arbres, d'autant que l'vsage des calleçons n'estoit pas encore introduit. Ouide a eu raison en cecy de donner vne eschelle à Vertumne; mais il est vray qu'il luy falloit aussi donner vn panier; Toutefois vous excuserez le Poëte, c'est que tout cela n'a pas pû tenir dans vn vers. Nous auoüons que nostre amoureux s'est seruy de ce deguisement, se figurant qu'il luy estoit necessaire; Pour les autres s'il y a eu recours, ç'a esté par mesgarde, lors qu'il ne consideroit pas que cela luy estoit inutile, & que Pomone n'allant point aux champs où l'on laboure, l'on fauche & l'on moissonne, il couroit fortune de n'estre iamais veu par elle en cet equipage.

Auparauant mesme que de porter l'eschelle ou la ferpe, il eſtoit reſolu de porter d'autres vſtenciles, & de faire des galanteries pour ſa maiſtreſſe qui rendiſſent ſes amours illuſtres. Il ſçauoit que l'on alloit celebrer la feſte de Cybele la Meregrand des Dieux, & que Pomone iroit luy offrir des ſacrifices dans ſon Temple, tellement que l'on la verroit ſortir de ſa demeure qui l'auoit tenuë trop long temps enfermee; Mais il ne ſe contentoit pas de demeurer ſur le chemin pour la voir paſſer: Il vouloit de plus auoir la commodité de parler à elle, & d'autát qu'il ne vouloit pas eſtre connû il falloit pour cet effet vſer de quelque deguiſement. Quelques Autheurs ont dit que par vn priuilege ſpecial, il auoit receu des Dieux le don de la Metamorphoſe, c'eſt à dire qu'il prenoit telle forme qu'il vouloit, comme faisoit Protee Dieu de la Mer, de façon que l'on pourroit à bon droict appeller Vertumne le Protee de la Terre. Ie ne me mets point en peine comment Protee faisoit pour prendre tant de diuerses formes, car peut-estre cela n'est-il pas vray, & nos menteurs de Poëtes nous en ont donné à garder. Il se peut faire qu'il estoit plustost bastelleur que magicien, mais quant à Vertumne il est certain qu'il auoit seulement l'inuention de se traueſtir, c'est à dire de changer d'habits, de masque ou de posture, & auec cela il estoit aussi bien deguisé & transformé, que si tous les Dieux du grand Olympe y eussent trauaillé coniointement. Il prend donc au matin vne perruque grise, & la barbe de mesme : Il vest vn iuſte au corps de gris de bure, & se fait vne

A a ij

bosse derriere le dos, puis ayant emply une grande manne de quantité de marchandises, il la pend à son col, & se place sous un grand orme qui estoit vis à vis du Temple de Cybele. Pomone estoit desia entree lors qu'il arriua, tant elle estoit matineuse. Elle fit immoler quelques victimes, & presenta aussi à la Deesse des pommes de cas-pendu qu'elle auoit fait meurir deuát la saison, comme estát sa richesse principalle : mais en sortant elle passa contre l'orme sans apperceuoir le nouueau marchand, quoi qu'il se tuast de crier, Fines aiguilles, Madame, Espingles à la Reyne, Estuis de Moulins, Cousteaux à guaines, Iambettes, Cizeaux, Ganifs, Escritoires, Plumes à escrire, Papier doré, Cire d'Espagne, Lassets, Rubans d'Angleterre, Dentelle de Flandres, Nœuds à la mode, Esuantail de frangipane, Demi-ceint d'argent, Demi-ceint de letton, Peloton, & Bourse plissée à large cul pour vne mariee de village, Ne vous faut-il point de coiffes, Madame, point de chaisnes, de colliers, de bracellets, & de pendans d'oreilles? Ne voulez vous rien? Madame, i'ay ce qu'il vous faut sans chercher ailleurs; Et comme il vid qu'elle alloit tousiours son chemin, soit que sa deuotion la mist en extase, ou qu'elle ne songeast qu'à s'aller renfermer dans ses jardins, ou qu'elle le fist par grauité, il s'auança sept ou huict pas pour la tirer par la manche; mais en se retournant elle le regarda d'vn œil de courroux, & auoit desia la main leuee pour luy descharger d'autres coups sur la iouë que ceux que donne l'amour, lors qu'elle eut quelque respect pour sa lõgue barbe

A a iij

qui paroiſſoit eſtre d'vn vieillard, & puis l'vne de ſes ſeruantes qui eſtoit vn affettée du pays de Caux, qui auoit enuie qu'elle s'arreſtaſt au marchand afin qu'elle lui donnaſt ſa foire, lui dit pour l'appaiſer qu'elle excuſaſt ſon importunité, & qu'il auoit de la marchandiſe qui meritoit bien que l'on la regardaſt : La belle Pomone s'eſtant alors arreſtée, le Marchand fut rauy des merueilles qu'elle mettoit à l'eſtalage, & pour leſquelles il euſt volontiers donné toute ſa boutique ? Il penſa lui dire qu'elle auoit bien de la marchandiſe plus precieuſe que celle qu'il luy vouloit moſtrer, & qu'il l'acheteroit d'elle ſi elle la mettoit en vente, quád il luy en euſt couſté ſon cœur & ſes entrailles ; mais il entendoit pourtát qu'ils lui demeuraſſent dás le corps, comme à tous les autres amoureux qui donnent leur cœur, & le retiennent, quoy que la loy & la coustume disent, *Donner & retenir ne vaut.* Il fallut alors qu'il quitast sa contemplation pour satisfaire à la curiosité des deux suiuantes de celle qui les precedoit en merite cóme en dignité, lesquelles lui demandoient mille bijoux dont il leur monstroit quelques-vns; mais la prodigalité de leur maistresse ne s'estendit pas plus loin alors, que de leur achetter à chacun vne iambette à manche de corne, vn demy cent d'espingles, & vne couple de lassets. Pour l'arrester dauantage, le Marchand luy surfaisoit sa marchandise de telle sorte, qu'elle s'en alla par deux fois, & reuint, estant d'vne humeur assez barguineuse. Il auoit dessein pourtant de luy donner tout enfin à bon marché, mais comme elle regardoit si pendant qu'elle s'estoit esloignee il n'auoit point changé ce qu'elle auoit choisy à cause du gros hazard du marché, voylà vn autre Marchand qui auoit accoustumé de se mettre là, lequel entre en ialousie, & mesme en fureur de voir que cettui-cy a occupé sa place, & pris sa chalandise. Il lui dit rudement qu'il s'oste de là. Vertumne n'en veut rien faire, & là dessus le nouueau venu lui descharge d'vne main vn coup de baston sur les espaules, & de l'autre il le tire par la ceinture auec vne telle secousse, que comme la courroye en estoit foible elle se rompit, & il tomba à terre vn gros paquet de chiffons qu'il auoit sur le dos, tellement que celuy qui estoit bossu auparauant demeura haut & droit, & les assistans creurent que c'estoit son ennemy qui luy auoit fait ce bien, lui pensant faire du mal, & l'auoit redreſſé en le frappant. Mais pource que Vertumne vouloit punir neantmoins ſon mauuais deſſein, il ſe ſeruit incontinent d'vn baſton ferré qu'il portoit pour meſurer les coſtes à ce gentil compagnon, ſi bien qu'il y eut là vne grande bagarre. Le dernier Marchand craignant d'eſtre enfin le plus foible, implora l'aſſiſtance de l'aſſemblée, & ayant apperceu entre les autres vn Publicain ou Fermier des peages publics, il lui dit qu'il fiſt arreſter ce Marchand qui n'auoit pas payé le ſou pour liure; A l'heure meſme il ne manqua point de ſecours, & comme l'on ſe vouloit ſaiſir de la balle de Vertumne, en la lui oſtant du col l'on luy emporta auſſi ſa perruque & ſa fauſſe barbe, de ſorte qu'en peu de temps il deuint droit & ieune, & ſe monſtrant auſſi plus vigoureux, il de ses iambes contre ses ennemis, mais ce fut pour se tirer de leurs mains par la fuite. Cette canaille ne le poursuiuit point, estant plus contente d'auoir sa marchandise que son corps. Sa transformation ne laissa pas d'estonner ceux qui la virent; mais Pomone n'en vid rien, s'estant retiree de bonne heure de ce desordre, & l'on auroit de la peine à deuiner s'il eust esté auantageux pour luy qu'elle le vist en estat.

La premiere entreprise de cet amant auoit assez reüssi, puis qu'il auoit veu le beau visage de Pomone, & oüy sa douce voix ; mais cela luy donnoit d'autant plus de desir de iouyr encore de la mesme felicité. Pour y paruenir il faloit inuenter vn autre desguisement. Il prend des grandes chausses de toille qui luy venoient iusqu'aux talons, vne jaquette par dessus, dont la forme ambiguë laissoit douter si c'estoit vne camisolle ou vn pourpoinct, & à tout cela il y auoit autant de taches que de trous. Par dessus il auoit vn manteau composé de tant de lambeaux differens en couleur & en estoffe, que l'on ne pouuoit dire quelle estoit la maistresse piece. Il s'affubla la teste d'vn bonnet dót la graisse marquoit l'antiquité, & s'estant barboüillé le visage, il se banda les yeux comme s'il y eust eu mal, ou si estant priué de la veuë il n'eust pas eu besoin de les tenir descouuerts. Auec cela il prit vne vielle en escharpe dont il sçauoit ioüer passablement, & d'autant que la feste de Cybele duroit trois iours, & que les deux derniers estoient employez en festins & en danses, s'imaginant que Pomone suiuroit la coustume publique, il entra dans sa basse cour auec son gentil equipage, & par la guide d'vn petit garço qu'il auoit pris en sa compagnie, sur l'espaule duquel il s'appuyoit. Il trouua que cette belle fille qui ne desaprouuoit pas les recreations innocentes dansoit aux chansons, auec quelques vnes de ses voisines, & incontinent il ioüa sur sa vielle la chanson qu'il leur entendoit chanter. Cela surprit Pomone qui cria incontinent ses seruantes d'auoir laissé la porte ouerte, & leur dit qu'elle chassassent cet homme dont la presence faisoit tort à sa pudeur virginalle. Mais l'vne de ses compagnes luy repartit qu'elle croyoit que la Deesse dont elles celebroient la feste l'auoit enuoyé là afin de leur donner plus d'occasion de se resiouyr, & qu'il n'y auoit point de scandale à le retenir, puis que c'estoit vn pauure aueugle. Vn autre dit qu'aussi bien estoient elles lasses de danser aux chansons, & qu'il falloit danser des courantes. L'on ferma donc la porte, & le vielleur receut commandement de ioüer ce qu'il sçauoit. Il commence à sonner vne courante à la mode, & vne fille contrefaisant le garçon mena danser Pomone, & puis il y en eut d'autres qui danserent à leur tour. Alors Pomone s'assid sur vne longue selle où plusieurs personnes pouuoient tenir ensemble, & le vielleux estoit à l'autre bout qui contrefaisant l'aueugle feignoit de ne rien connoistre que par l'ouye. Il me semble, disoit il, que ie n'entens rien icy que des voix de pucelle; Ie ne pense pas qu'il les fasse beau voir danser sans masle. C'est vne si belle harmonie que de filles & de garçõs. Nous les auons chassez d'icy pour leur importunité, dit l'vne des filles, & alors pource que le vielleux demeura seul sur le banc où estoit Pomone, il se glissa vers elle par vne patience amoureuse, sans songer à l'accident qui en pouuoit auenir; qui fut que le poids se trouuant là le plus fort, ils penserent cullebuter tous deux, mais deux ou trois filles retindrent l'autre bout, & s'y assirent. Alors le vielleux se plaçant encore fort pres de Pomone, comme elle estoit d'vne humeur assez ioyeuse quand elle se mettoit en train, elle luy dit, ie vous prie, bon homme, retirez vous; Ne meslez point vos puces parmy les nostres : Le bon accord & l'harmonie ne se trouuent point en ce meslange. Ie croy que vous aurez des puces habillees en mascarade; Et en disant cela, pource que le vielleux ne se leuoit point, elle se leua pour s'aller mettre autre part. Il fut outré de regret de ce que le meschant habit qu'il auoit esté contraint de vestir pour son deguisement, le faisoit prendre pour vn poüilleux, & le mettoit en horreur aupres de sa Dame, ce qui luy despleut si fort, qu'il ne dit plus mot le reste de la iournee. Il auoit seulement le plaisir de la voir de l'vn de ses yeux qui n'estoit couuert que d'vn linge deslié, & sur le soir ayant eu son congé, il receut auec cela plein sa main de doubles qu'il n'osa refuser pour mieux representer le personnage qu'il contrefaisoit.

La feste estant passee, Pomone fut plus retiree que iamais, & ce fut alors que Vertumne songea à d'autres moyens de la voir. Il eut mesme l'audace d'esperer d'entrer dans ses jardins où si peu d'hommes auoient mis le pied, & s'eſtant habillé en païſan, il prit vne perruque rouſſe pour eſtre moins reconnoiſſable, car il auoit les cheueux bruns, Il prit auſſi vne eſchelle ſur ſon eſpaule auec vn panier, afin de paſſer pour vn cueilleur de pommes, comme Ouide ſe l'eſt figuré; Mais lors qu'il eut heurté à la porte, ayant demandé s'il n'y auoit point là de pommes à cueillir, Pomone qui n'eſtoit pas lo n lui fit dire qu'il n'eſtoit pas ſage, & qu'à peine les pommes eſtoient elles encore meures. Comme il vid qu'il auoit mal pris ſon temps, s'eſtant abuſé dans la ſaiſon, il dit qu'il eſtoit propre à faire tout ce que l'on voudroit dans le iardin. Vne ſeruante de Pomone mit alors dans la fantaiſie de ſa maiſtreſſe, qu'il falloit labourer quelque quarré de ſon verger pour faire vne pepiniere,

piniere, & que les mains d'vn homme estoient necessaires à cet ouurage; Qu'au reste celuy qui se presentoit sembloit si niais, qu'elles n'en deuoient point auoir de soupçon. L'on le fait donc entrer, pource que Pomone sçauoit bien qu'au pis aller elles estoient les plus fortes. L'on luy donna des outils pour trauailler, mais Pomone l'ayant apperceu de tout loin auec sa barbe rousse, dit qu'elle ne le pouuoit souffrir, & que mesme son odeur empoisonneroit ses fruicts, tellement qu'il fut bientost chassé & reduit à chercher d'autres inuentions pour contenter son amour. Sçauez-vous ce qu'il fait? Il ne veut plus se faire difforme en se deguisant. Il se desbarboüille le visage pour se faire le plus beau qu'il peut, & il prend des habits de villageoise; Il se pressa tellement le sein, qu'eſtant gras & potelé comme il eſtoit, il ſe fit vne forme de tetons, & il empriſonna ſes cheueux ſous vn blanc couurechef. Cette belle païſanne va le lendemain heurter à la porte de Pomone, & demande à ſeruir, promettant de faire autant de beſongne que quatre. Elle dit qu'elle eſt fille d'vn Iardinier qui lui a appris parfaitement ſon meſtier, & qu'en toutes choſes elle trauaille comme vn homme. Pomone le croid, voyant qu'elle eſt de haute ſtature, & d'vne façon robuſte. Elle demeure d'accord de ſes gages, qu'elle demanda moindres de la moitié que celles qui ne faiſoient que le quart d'autant de beſogne, mais ce fut ſon malheur, car deſlors les autres ſeruantes en cóceurent vne telle haine côtre elle, qu'elles delibererent de faire tout ce qu'elles pourroient pour la faire chasser. La nouuelle seruante fut cinq ou six iours à trauailler auec tant d'adresse, que sa maistresse en estoit fort contente, mais ses infidelles compagnes ne cessoient de dire tantost qu'elles auoiét appris que c'estoit vne coureuse d'éguillettes, tantost que c'estoit vne larronnesse qui s'entendoit auec de mauuais garnemens de la contree, qu'elle pourroit introduire dans la maison pour la piller, & y mettre tout en desordre, & qu'elles luy auoient oüy dire des paroles impudentes & dissolues, tellement que Pomone apprehendát quelque malheur, luy fit donner son congé sans la vouloir voir, pource qu'elle craignoit que sa veuë ne la touchast, & qu'elle ne pust combattre ses sentimens deuant vne personne dont le visage ne luy pouuoit desplaire.

Bb ij

pource qu'Amour operoit en cecy par grande merueille, luy faisant aimer vn garçon sous vn habit feminin, quoy qu'elle n'eust iamais pensé à aimer les garçons. O maudite enuie que tu causes de maux! ô langues serpentines, que ne fustes vous coupees, lors que vous proferastes de si mauuaises paroles? De quel desastre ne pensastes vous point estre cause? Le pauure Vertumne chassé de la maison de la Reyne de son cœur fut si touché de despit, qu'il pensa s'aller ietter la teste la premiere dans quelque riuiere, n'eust esté qu'il songea que iamais Pomone n'entendroit parler de luy, & qu'elle n'auroit point de regret à sa mort. Que s'il ne le faisoit aussi que pour temoigner plus de colere & d'amour, il falloit prendre garde qu'il ne sçauoit pas nager, & que si estant au fonds de l'eau il venoit à se repétir de s'i estre ietté, il ne faudroi pas lais- d'y demeurer. D'ailleurs s'imaginát que son infortune venoit plustost de la calomnie de ces traistresses chambrieres, que d'aucune mauuaise volonté que leur maistresse eust pour luy, il vid encore luire vu petit rayon de bó espoir, & eut recours aux subtilitez dont il estoit si pourueu.

Ayant contrefait la ieune fille, il restoit encore de contrefaire la vieille; mais si cela ne reüssissoit point, il pouuoit dire qu'il estoit au bout de son roollet. La bonne confiance luy fortifie pourtant le cœur; il prend des habits sortables à vne vieille, & tels que ceux de Dame Poncette ou de Dame Gygonne, & se coiffe d'vne grand cappe qui luy couuroit presque tout le visage, ajustant seulement à costé de ses temples quelques cheueux de gris blanc, ou bien quelques toupets de filasse. Ouide n'oublie point ce deguisement qu'il nomme pour le dernier, comme il le fut en effect, rapportant aussi cette particularité que Vertumne s'arrangea des poils blancs autour du visage, ce qui monstre que ce Poëte n'a pas creu que Vertumne changeast reellement de forme, mais seulemét qu'il se deguisoit par des perruques & des habits, comme nous auons desia dit, ce qui est la plus saine opinion, & ce qui le rendoit neantmoins si different de ce qu'il auoit accoustumé d'estre que cela pouuoit passer pour de veritables transformations; Mais le pauure Ouide ne laisse pas de manquer de iugement auec tout cecy, lors qu'il fait entrer cette vieille dans les vergers de Pomone sans dire garre, comme s'ils eussent esté ouuers à tout le monde, il y falloit bien plus de mystere; Aucun n'y entroit sans la permission de la maistresse du lieu. Il falloit aussi auoir quelque pretexte pour cela, & Vertumne qui le sçauoit s'estant donc habillee en vieille, voulut faire la reuendeuse de nippes: Il y auoit des manches sans corps attachees sur l'vne de ses espaules, & sur l'autre il y auoit vne iuppe entiere, le tout de satin decouppé à grandes taillades, qui auoient tant d'affection l'vne pour l'autre, que la pluspart auoient communication ensemble, de sorte que de trois il ne s'en faisoit qu'vne. Bracelets, colliers, pendants d'oreille, boistes de portrait, & autres affiquets, estoient pendus en confusion deuant sa poictrine, & à sa coiffure, collets, & manchettes, coupons de toille, restes de passement, petites pieces de drap d'or & de drap d'escarlatte, & autres brinborions. Entre ses mains estoit vne boiste d'vn pied & demy de longueur, & de huict poulces de largeur, où elle gardoit de plus riches pieces, & dans cet appareil ayant heurté à la porte bien aimee, vne seruante ouurit seulement vn petit guichet tres-aisé pour voir qui c'estoit, car depuis peu l'on auoit renforcé les gardes, & comme elle conneut que c'estoit vne reuendeuse qui se vantoit d'auoir les plus belles hardes du monde, elle l'alla incontinent dire à Pomone, qui ne fit pas difficulté de la laisser entrer. La reuendeuse trauersa donc vne partie des jardins, s'appuyant sur son baston, & trouua Pomone qui se reposoit dans vn cabinet. Le Poëte dit que la vieille la baisa vn peu en la saluant; mais tellement toutefois que si elle eust esté vne vraye vieille elle ne luy eut pas donné de tels baisers; Toutefois nous ne voudrions pas asseurer si Vertumne prit deslors cette hardiesse qui ne conuenoit pas au personnage d'vne reuendeuse, qui deuoit garder vn autre respect enuers vne Dame de telle qualité; Tant y a que sans luy parler du fatras qu'elle auoit autour d'elle, qui n'estoit propre qu'à vendre aux rauaudeuses du coin des ruës, & ne luy seruoit que d'enseigne de son mestier, elle luy tira de sa boiste des ouurages de poinct coupé faits d'vne main artiste, à quoy Pomone prit vn singulier plaisir, d'autât que sur toutes choses l'on y auoit parfaictement representé les arbres qu'elle aimoit le plus. Elle en marchanda vne piece dont le prix fut bien tost fait, & la reuendeuse luy ayant liuré la marchandife fans vouloir qu'elle s'amufat à la payer, lui dit qu'elle auoit autre chofe à compter que de l'argent, & qu'elle luy vouloit communiquer des chofes de plus grande confequence. Elle difoit cecy pour faire efloigner les feruantes qui prenoient plaifir à voir ce que l'on monftroit à leur maiftreffe, & alors s'eftans retirees par difcretion, Vertumne creut qu'il falloit fe feruir d'vne occafion fi fauorable, & faire fes efforts pour gagner l'efprit qui animoit vn fi beau corps. La vieille contrefaite prit donc place fur vne motte de terre où elle s'affeid, & ayant donné des loüanges à Pomone pour la beauté de fes vergers, où l'on voyoit des effets de fon adreffe & de fes foins dans la culture de fi beaux pommiers, il eft vray qu'elle prit fujet de parler encore fur vne vigne & vn ormeau, car bien que le cabinet où elles estoient ne fust composé que de hayes de pommiers de resnette, & que tout le jardin fust garny d'arbres de ce genre, quoy que de differentes especes; il y auoit vn lieu assez proche où l'on laissoit croistre d'autres plates par curiosité, sans qu'elles eussent la principale affection de la maistresse du lieu. La vieille luy fit donc vn tel discours. C'est chose estrange, belle Pomone, que vous ayez deuant vos yeux tant d'exemples remarquables de ce qu'il faut faire sans que vous en fassiez vostre profit. Nous loüons beaucoup cette excellente inuention de ioindre la vigne à l'ormeau, & ie m'asseure que vous l'approuuez pareillement, mais dites moy en verité, si l'orme fust demeuré seul sans que la vigne y fut iointe, auroit-il tant d'or-

nemens comme nous luy en voyõ[s]
& si la vigne ne s'appuyoit point su[r]
luy, ne demeureroit elle pas à terr[e]
rampante & sujerte à estre foulee au[x]
pieds sans estre esleuee au degré d'ho[n]-
neur qu'elle merite. Ne connoisse[z]
vous pas qu'vne fille sans mary en e[st]
de mesme, & qu'estant iointe [à]
l'homme elle reçoit l'appui neces[-]
saire? Pourquoi fuyez-vous vn [si]
doux lien? Iamais Helene n'eut plu[s]
d'amoureux, ni toutes ces coquette[s]
de la Grece, pour qui tant de vailla[ns]
Heros se sont faits donner tant d[e]
horions & de casse-museau. Vou[s]
pouuez compter entre ceux qui vou[s]
recherchent, non pas seulement de[s]
Bourgeois de ville, ou des Gentils-
hommes de pallier, mais des Demi-
Dieux, ou des enfans de Dieux, &
i'entens des aisnez, & qui auront le
fief de la Diuinité suiuant la coustu[me]

me. Toutefois prens bien garde, ma bonne Dame mamie, de ne te point laisser engeoller par ces conteurs de sornettes qui vont bayer de porte en porte, & qui font semblant d'auoir de l'amour pour toutes les filles ; Ce sont de beaux iaseurs qui ont plus de bruit que d'effet: Ils ne veulent faire autre chose que roder toute leur vie, & s'il rrriue qu'vn excez d'amour les oblige au mariage, s'y voyant arrestez comme l'oiseau à la glu, l'on les void sots & niais, sans sçauoir de quel bois faire flehe. Ils sont si neufs au mesnage, que bien souuent la pauure femme fait son disné & son soupé en vn seul repas, & ils sont si accoustumez à prendre leurs desduits, qu'ils s'en iront courir la pretantaine, sans songer qu'il n'y a plus au logis ny pain ny paste. Sont-ils reuenus à leur petite heberge, ils sont

plus tristes qu'vn bonnet de nuit
sans coiffe, ressemblant aux Mene[s]-
striers, qui ne trouuent point de p[ar]-
remaison que la leur. La plufpart d[u]
téps ils font si chagrins que les charrettes de la porte Baudais leur nui-
fent, & ne ceſſant de gronder & d[e]
tempeſter, si leur femme leur rebec[-]
que, elle se peut aſſeurer que l'o[n]
luy mesurera les coſtes, ou que d[e]
rudes mains eſtans appliquees fu[r]
ses ioües, elle aura l'aller & le venir.
Or qui eſt cauſe de cela principallement? c'eſt que Dame Neceſſité
qui à ce qu'on dit n'a point de loy eſt
venu habiter au logis, & le peu de
prudence de ces gens là n'a pû chaſ-
ser vne ſi faſcheuſe hoſteſſe. Voylà
donc pourquoy il faut que les filles
à marier qui font ſages comme vous,
faſſent du mal d'autrui leur appren-
tiſſage, & ne s'amuſent point à eſ[-]

couter les menus deuis de tous ces galoureaux qui font tant de fredaines, qui portent tout sur eux de peur du feu, & qui mettent tout leur bien en l'air quand ils font vn sault. Ne vous laissez point flagorner: Prenez moy plustost vn sage iouuenceau, aussi bon que beau, & qui aille rondement en besogne ; Et puis qu'il est question de prendre, ô ma treschere Dame, prenez plustost que d'estre prise, mais sur tout ne vous laissez point prendre par les yeux, & croyez que ce n'est pas sans raison si quand on fait des mariages auiourd'huy on demande, Qu'a-t'il ? Qu'a-t'elle, car c'est vn gouffre que le mesnage qui tout engloutit. Si vous donnez à disner à vn mary, il faut qu'il ait dequoy vous donner à souper.

Tandis que la vieille disoit ces paroles si naïues & si propres au sujet, le vermillon naturel, couleur de la vertu empourproit les ioües de Pomone, qui estoit honteuse comme sont d'ordinaire les ieunes fillettes lors que l'on leur parle de mariage: Neantmoins se trouuant obligee de faire quelque responce à cette charitable Dame, elle lui dit qu'elle croyoit que ses propositions estoient tres-certaines en ce qui estoit du choix d'vn mary, quand l'on en vouloit prendre vn, mais que n'en desirant point elles lui estoient superfluës, si ce n'estoit pour matiere d'entretien. Cette resolution deuoit estre fort desplaisante à Vertumne, voilà pourquoi il voulut desployer les plus puissants efforts de la persuasion sous le personnage qu'il ioüoit. Quoi dit-il à Pomone, vous qui causez tant d'amour à tout le Monde, seriez

vous

exempte d'en receuoir? où seroit la Iustice diuine? Et quand vous auriez ce pouuoir de vous garentir des traits de l'enfant de Venus, y auroit-il de la gloire à viure dás cette insensibilité? Puis qu'il y a tant d'amans qui soupirent pour vous, ne faut il pas choisir celui qui a le plus de merite, pour le recompenser de ses peines? Voulez vous qu'il meure de regret de n'auoir pû flechir vos rigueurs, & que le Ciel & la Terre vous reprochent vostre ingratitude? Escoutez vn exemple sur ce sujet qui vous touchera, & qui vous apprendra à viure autrement que les filles barbares & indiscretres, au moins si vous auez le loisir de m'entendre, & si ie ne vous ennuye point de mon caquet, vous faisant croire qu'il y ait quelque chose à apprendre auec vne personne qui s'est acquis de l'ex-

Cc

perience par son aage. Quand la vieille eut dit cecy, Pomone ayant la curiosité d'entendre ce qu'elle vouloit raconter, lui permit de dire tout ce qui lui plairoit, & alors elle reprit la parole en cette sorte, apres auoir toussé & craché prealablement.

※※※※※※※

AMOVRS INFORTV-
nées d'Iphis pour la cruelle
Anaxarete.

VOvs sçaurez, belle Nymphe, que dans l'Isle de Cypre il y eut autrefois vn ieune adolescent appellé Iphis, à qui la Nature auoit esté marastre, car elle lui auoit donné vn grand cœur, & peu de moyens: Il n'aspiroit qu'à des choses hautes, &

sa fortune estoit si basse, que l'on disoit qu'il n'estoit fils que d'vn gaigne-petit ; Cependant il ne laissa pas d'auoir l'asseurance d'esleuer ses yeux vers Anaxarete qui estoit fille d'vn des gros Milords du pays, & de prendre plaisir à la regarder plus que toutes les images des Deesses qu'il voyoit dans les Temples; Aussi c'estoit à elle qu'il vouloit offrir ses sacrifices, & bien que la Raison qui auoit tenu bon long temps dans la citadelle de son ame, y vouluſt tousiours commander, le surperbe Roy d'Amour, qui est traistre & meschant quand il veut s'y glissa par trahison, & d'Imperatrice qu'elle estoit la rendit sa seruante à tout faire. Voilà donc Iphis sous le gouuernement de ce Dieu qui lui donne toutes les inquietudes, & les rompemens de teste que reçoiuent ceux qui sont ses sujets de nouueau ; de sorte qu'il est contraint de faire toutes les simagrees, postures & actions que font les plus passionnez. Ayant accoustumé de voir Anaxarete à la fenestre de son Palais, il passe deuant cent fois le iour, & s'il l'y void pareſtre il se tient là droict comme vn pieu, ayant les yeux fichez sur elle, iusques à ce qu'ayant pris garde à lui elle est honteuse de se voir tant regardee, & ferme la fenestre en se retirant. Ce n'est pas assez de parler auec les yeux ; il faut que la voix fasse son office. Vn iour qu'il ne passoit personne par la ruë, Iphis eut bien l'asseurance apres trois ou quatre soupirs auant-couriers, de pousser dehors ces paroles, Ha ! Anaxarete, ne sçaurez vous iamais l'affection que i'ay pour vous ? Vn iour mesme la trouuant au Temple d'Isis, comme elle estoit à genoux faisant ses prieres à la Deesse, il se mit derriere en mesme posture qu'elle, & pource qu'elle parloit assez haut, il redisoit presque les mesmes paroles. Grande Deesse, disoit elle à Isis, soyez secourable vers vne personne qui vous est entierement voüee. Iphis en dit autant, mais ce fut en parlant à Anaxarete, & si en continuant elle dit quelque chose qui ne lui conuenoit pas, il le changea à son auantage, le prononçant d'vn ton si haut qu'elle s'en alla toute faschee, en le regardant comme vn moqueur & vn importun. Que fera t'il ayant excité sa colere plus dangereuse que le tonnerre? Il remarque les seruiteurs & seruantes de la maison. Il y auoit vne grosse Egiptienne qui seruoit Anaxarete, laquelle se tenoit souuent à la porte. Il l'accoste, lui fait croire qu'elle est agreable, quoi que brune; Il lui fait des presens qu'elle reçoit volótiers, & bien qu'il ne puisse auoir assez de dissimulation pour feindre de l'aimer, elle le croid; Il lui descouure enfin la passion qu'il auoit pour sa maistresse dont elle se moque au cómencement; mais enfin pour attrapér son argent elle s'offre à le seruir, & prend des lettres de lui, par lesquelles il exprimoit ses conceptions au defaut du langage. Helas! malheureux amant, que ta peine estoit bien perduë! Anaxarete se moque de tes beaux discours, les ayant leus deuant toutes ses chambrieres, & en ayant fait vn paquet elle les fait mettre pres de sa chaize percee, pour s'en seruir à l'vsage que vous pouuez péser; Mais, ô punition notable ? Cóme ces discours n'estoient remplis que de feux & de flammes, à quoy

Anaxarete n'auoit pas pris garde en les lisant, lors qu'elle s'en seruit en ses necessitez, ils lui firent venir du feu Gregeois à ses iouës de derriere, de sorte qu'elle fut long-temps qu'à peine se pouuoit-elle seoir, vsant tous les iours plus d'vne once de pômade ou de ceruze. Ayant opinion qu'Iphis estoit cause de ce malheur, elle l'eut dauantage en haine, & lors qu'il pensa se planter deuant elle à l'ordinaire lors qu'elle regardoit les passans par sa fenestre, elle l'enuoya chasser par les valets de son pere, leur criāt que c'estoit quelque chercheur de chappe-cheute qui espioit leur maison pour y venir dérober, & l'on adiouste mesme qu'ayant vn peu fait le retif, disant qu'il estoit sur le paué du Roy, & que l'on ne le pouuoit faire oster de là, vn palefrenier luy donna deux ou trois coups de four-

Cc iiij

che sur la teste, & le mit en estat de faire gagner les Barbiers. Cette seuerité ne fut pas capable de lui oster son amour; Il ne pouuoit haïr celle que les destins le forçoient d'aimer toute sa vie; mais pourtant il n'osa plus venir là que de nuict, & toute sa satisfaction estoit d'aller baiser le loquet de la porte, où les doigts mignards de la Reyne de son cœur auoient touché lors qu'elle heurtoit pour se faire ouurir au retour des visites ou des promenades; & il n'oublioit pas le sueil ou marche-pied où ses levres alloient chercher les traces de ses pas diuins; Il ne manquoit point non plus à chaque fois d'attacher des festons au dessus de la porte bien aimee, les composant de fines herbes tortillees & entremeslees de fleurs, & y attachant Lettres, Sonnets, Stances, Rondeaux, Chansons,

Ballades, Epigrammes, Madrigals, ou Madrigaux, (ie ne sçai lequel ce dit) tant qu'il sembloit que là dedãs il fust tous les iours feste. Anaxarete voyant cela, faisoit prendre les herbes & les fleurs pour le déjeuné de sa vache, & quant aux papiers elle les faisoit ietter au feu, n'ayant plus garde d'y toucher. Quoy qu'Iphis ne fust pas fort excellent Musicien de son naturel, il croyoit que l'Amour l'assisteroit pour donner vne serenade à sa Dame, mais comme il commença de chanter vn soir, elle lui versa elle-mesme son pot de châbre sur la teste, dont l'vrine estoit si forte, qu'il sentit bien ce que c'estoit, & pourtant il cõfessa qu'il s'estimoit heureux d'estre laué de l'eau qui sortoit d'vn si beau corps. Il ne laissa pas apres de cõtinuer ses chansons dont Anaxarete fut scandalisée à cause de son voisinage, & de son père mesme qui les pouuoit entendre, tellement qu'elle prit vn seau d'eau, & le versa encore sur Iphis, disant; voilà pour rafraischir tes ardeurs; Quant à luy demeurant immobile à ces indignitez, il s'escria seulement, qu'il luy falloit bien vn rafraischissement plus considerable; Et alors l'Egiptienne qui venoit d'acheuer de lauer ses escuelles, prenant le chauderon à deux mains en versa toute l'eau qui estoit encore chaude sur ce pauure amoureux, disant que si l'eau froide ne lui seruoit de rien, l'eau chaude luy seroit possible plus propre, chassant vne chaleur par l'autre. O qu'il conçeut de despit contre cette carogne de chambriere, contre cette traistresse qui auoit pris ses presens pour se moquer de lui! Mais sa patiéce ordinaire lui fit tout souffrir, & pourtant il fut fort en danger d'avoir la teste pelee de cette eau chaude, l'ayant eu alors descouuerte, d'autant que par vn respect digne d'vn parfait amant, & qui doit seruir d'exemple aux autres, il ne passoit iamais, ny ne se tenoit deuant les fenestres d'Anaxarete, soit le iour, soit la nuict, sans auoir le bonnet en main; mais voilà comme il fut payé de sa grande ciuilité. Toutes les fois qu'il y reuint il eut quelque autre desastre, & enfin mesme Anaxarete le traictant en faquin ou en insensé, lui fit dire que s'il continuoit ses importunitez, elle lui feroit donner les estriuieres par ses laquais. Que falloit-il faire autre chose que mourir apres de si cruelles menasses! Il va pour la derniere fois deuant la porte de son orgueilleuse Dame, & prononce ces paroles. A ce coup tu as vaincu ma patience, ô cruelle Anaxarete; Tu ne seras plus desormais importunee de mes plaintes. Prepare toy vn triomphe agreable, & y adiouste des fanfares & des chansons recreatiues; Ie m'en vay mourir volontairement ; & au moins i'auray ce bonheur en ma mort d'auoir fait quelque chose qui te plaise: Mais il te faudra souuenir que l'amour que ie t'ay porté n'est deslogé de moy qu'auec la vie, & ie ne seray pas si sot que d'aller mourir au fonds d'vne caue ou cauerne, ou de m'aller jetter dans la riuiere la teste la premiere, afin que iamais il ne soit nouuelle de moy ; Ie veux mourir deuant tes yeux afin que tu le sçaches, & que tous ceux qui te connoissent ne l'ignorent point aussi. En disant ces paroles, il tira de sa poche vne corde, funeste & maudite, sur laquelle il fit encore cette lamétation. Voilà que i'ay employé tout mon vaillant, tant à me parer pour te plaire, qu'à faire des presens à ta fausse ribaude de chambriere, & à acheter des bouquets pour parer ta porte; Il ne me restoit plus que six blancs que ie n'ay peu employer plus à propos qu'à acheter ce cordeau dont ie doy finir ma triste vie. C'est icy, cruelle; C'est icy, ingrate, le beau lien de l'amour qui me doit serrer; Et alors estant monté sur vne borne, il attacha la corde à vne bráche d'enseigne qui estoit au dessus de la porte de la maison, y estant demeuree depuis le temps que le pere d'Anaxarete à l'auenement de sa fortune tenoit hostellerie pour tous allans & venans, car tel auoit esté le cómencement de sa Noblesse. Apres que le pauure amant se fust serré le col d'vn nœud coulant, il sauta de la borne auec vne telle roideur, qu'il s'estrangla sans qu'il fust besoin que l'on le secoüast par les espaules, ou que l'on le tirast par les pieds. Ainsi le malheureux Iphis rendit son corps plus long que l'ordinaire, & fit grelinguinguin, s'il est permis de railler en matiere si pitoyable. En se iettát mesme en l'air, la branche d'enseigne vint à tourner sur son piuot, tellement que ses pieds allerent cogner contre la porte ; mais le portier qui auoit oüy ses discours desesperez n'eut garde de sortir, tant il eut peur d'estre accusé du desastre qui arriueroit. Le matin venu, tous ceux qui passerent voyans ce pendu dont le visage estoit bleuastre, & qui tiroit la langue d'vn demi-pied, en eurent de l'horreur, & la pluspart s'enfuirét: les autres le regardans dirent voilà vn beau fruict à cette branche, & vne belle enseigne pour vne telle maison, & ne sçauoient d'où pouuoit proceder vn si estrange accident. Par la permission des Dieux il arriua aussi qu'Anaxarete se leuât plus matin que de coustume pour chasser de mauuais songes qui l'inquietoient, oüyt quelque bruict dans la ruë, ce qui fut cause qu'elle mit la teste à la fenestre, & voyant tout à plein le nouueau spectacle, à cause que son appartement estoit dans vn pauillon auancé qui estoit vis à vis l'entree du logis, elle conneut bien que ce n'estoit pas là les festons que l'on y trouuoit souuent les matins : Iphis auoit voulu s'y pendre lui-mesme pour vn dernier & triste bouquet où il n'estoit plus qu'vne fleur morte & fanee. Alors l'effroi, l'horreur & le regret la saisirent si puissâment, qu'elle en eut le sang glacé dans les veines, & se voulant retirer de la fenestre lors qu'elle se fut redressee elle demeura immobile comme vne statuë, ce que tous les assistans apperceurent bien, & la regarderent apres auec autant d'attention & d'estonnement que le pauure Iphis. Au mesme temps le pere de cette cruelle ayant ouuert son huis pour sçauoir d'où procedoit le bruict que l'on faisoit dehors, les pieds de ce pendu lui vindrent donner dans le nez, dont il eut vne telle apprehension qu'il cheut demi pasmé, & le fallut porter sur son lict tant la fievre le prit. D'autant qu'aucun n'osoit toucher au corps d'Iphis, la Iustice accourut bien-tost auec ses satellites pour s'en saisir, & quelques-vns disans qu'il s'estoit pendu lui-mesme, l'on lui alloit faire son procez comme à vn desesperé,

desesperé, & l'on eust traisné son corps sur vne claye, & l'eust on pendu par les pieds à vn gibet, & apres enuoyé à la voirie; mais la mere du deffunct, matrone assez venerable, vint crier deuant les Iuges, qu'elle n'auoit pas si mal nourry son fils, qu'il pust faire vne si mauuaise actió; Que son pere ny elle ne luy auoient point appris à se pendre; Qu'il falloit que de meschantes gens l'eussent mis en cet estat, & qu'elle en demandoit iustice, accusant de ce fait les gens de la maison d'Anaxarete, qui desia d'autres fois auoient outragé ce pauure innocent, comme elle en donna des exemples d'vne fois que s'estant endormy sur l'establie d'vn sauetier, apres auoir couru les ruës toute la nuict pour ses malencontreuses amours, ils auoient attaché de petites alesnes à ses chausses, de

Dd

telle sorte que s'estant resueillé, & s'estant assis pour reprendre ses sens, les pointes aiguës luy estoiét entrees dans les fesses, dót il estoit sorty plus d'vne chopine de sang; Et qu'vne autrefois l'ayant trouué endormy sous la halle, ils luy auoient attaché vne corde au pied pour luy donner le moyne, & luy auoient fait autant de mal que s'il eust esté à la gesne, cependant qu'vn d'entr'eux l'auoit pésé estouffer de camoufflets, & luy auoit martirisé le nez de chiquenaudes, & de nazardes. Elle amenoit pour tesmoins de cecy quelques crieurs d'eau de vie qui l'auoient trouué en cet estat, lors qu'ils auoient commencé d'aller par les ruës, estans ceux qui sortoient le plus matin. La preud'hommie de ces gens là donnoit quelque poids à leur deposition: Mais d'vn autre costé le portier de la maison d'Anaxarete fut oüy, qui deposa ce qu'il auoit entendu dire à Iphis, qui estoit son testament & derniere volonté où il abandonnoit son corps au cordeau, & à la pendeloque; & comme l'on pouuoit trouuer quelque fondement de la verité là dessus, y ayant quelque apparence qu'il s'estoit pendu lui-mesme, d'autant que neantmoins cela n'estoit pas fort bien esclaircy, les Iuges ne voulurent pas flestrir entierement sa renommée, & des-honorer sa famille. Ils n'enuoyerent point son corps au gibet auec ceux des criminels, mais seulement à cause que les Barbiers de la ville demandoient depuis long-temps quelque corps humain pour faire l'anatomie, l'on leur donna celui-là, qui estoit bien membru & bien sain au dedans, quoy que l'Amour l'eust vn peu flestry au dehors.

Ils en firent donc vne dissection, & apres ayant rejoint tous les os, son squelette fut gardé dans le cabinet de leurs Escholes Chyrurgicales. Pour Anaxarete lors que l'on alla vers elle l'auertir de l'accident de son pere, l'on trouua qu'elle ne remuoit ny pied ny patte, & qu'elle ne voyoit ny n'entendoit; L'ayant touchee aussi, l'on connût qu'elle estoit veritablement changee en pierre, digne punition de son insensibilité; Et pource qu'elle auoit gardé sa premiere forme, l'on pouuoit dire que c'estoit la statuë la plus naïue qui fut iamais: C'est pourquoy les Princes de Cypre l'ont tousiours gardee dans leur tresor où l'on l'admiroit, pésant qu'elle eust esté faite de main d'homme, mais ceux qui en sçauoient le secret loüoient seulement la iustice des Dieux d'auoir fait cette metamorphose, & disoient qu'aussi eust-il esté estrange qu'vne personne qui mesprisoit les loix de l'Amour fust demeuré impunie dans vne Isle consacree à Venus.

VOILA l'Histoire que Vertumne raconta à Pomone sous le personnage d'vne vieille, en quoy il reüssit autrement que n'a dit le Poëte Ouide, qui dit le contraire de tout cecy en plusieurs endroits. Il veut qu'Anaxarete ait esté changee en rocher en voyant l'enterrement d'Iphis, au lieu qu'il est bien plus à propos de croire que ce fut en le voyant pendu à sa porte. Il dit aussi que l'on portoit son corps au buscher, mais il n'y a point d'apparence que l'on lui eust fait toutes ces ceremonies ; Car où estoit donc la Iustice ? n'y auoit-il point de Commissaire au quartier pour informer du fait, & empescher que celuy que l'on soupçonnoit d'estre mort desesperé, n'eust vne pompe funebre comme ceux qui estoient morts pacifiquement dans leur lict? L'interest des Crieurs d'enterremét n'estoit point là considere, & puis auec quelle effronterie pourra-t'on dire que le corps de ce ieune homme fut porté au buscher mortuaire & bruslé à la mode ancíéne, veu que son Squelette a esté trouué depuis, tesmoin nostre cher Poëte l'honneur de la Neustrie, qui a parlé ainsi en descriuát des ruines dans sa solitude.

Sous vn chevron de bois maudit
Y branle l'horrible Squelette
Du pauure Iphis qui se pendit
Pour la cruelle Anaxarete.
Qui d'vn seul regard de pitié
Ne daigna voir son amitié.

Il est vray que cela ne se trouue point ainsi dans les liures que nous en auons, ces noms ayans esté ostez, & les vers changez: Mais ie sçay bien où en est l'enclôueure, Ce n'est pas que l'on ait changé cela pour rendre les vers plus coulans, & la pensée plus raisonnable, Escoutez la subtile imagination que nous auons là dessus: C'est qu'il y a encore des parens d'Iphis, qui ont esté faschez que l'on sceust que leur predecesseur s'estoit pendu, tellement qu'ils ont donné de l'argent aux Libraires pour desguiser cela, & y ont fait mettre,

Sous vn cheuron de bois maudit
Ti branle la Squelette horrible
D'vn pauure Amant qui se pendit
Pour vne Bergere insensible, &c.

Voilà comme dans les Histoires l'on taist souuent les noms de quelques gents à qui l'on ne veut point attribuer de blâme, ce qui arriue pour la corruption qui a esté faite de l'Historien, ou du Copiste. Nous ne laisserons pas de sçauoir que l'Amant qui s'est pendu est Iphis, & que l'insensible Bergere est Anaxarete. Cet accident a esté trop public pour estre caché ; & si les descendans d'Iphis qui portent son nom & ses armes, ont creu qu'il y eust de la honte pour eux d'auoir eu vn grád oncle qui s'est tué de ce genre de mort, c'est possible qu'ils font les nobles à quatre carats, & qu'ils veulent dire qu'vn hóme qui s'est pendu lui-mesme, a fait par ce moyen vne declaration manifeste qu'il se reconnoissoit roturier ; pource qu'vn tel supplice est indigne des Gentils hommes ; mais qu'ils nous disent vn peu par quel moyen il eust pû lui-mesme se trancher la teste, & puis est-ce autre chose que *d'Iphis.* 457

l'opinion populaire qui fait que l'vn de ces suplices est reputé plus noble que l'autre, & n'y a-t'il pas des païs où c'est la coustume de coupper la teste aux plus infames vilains, lors que la Iustice les veut punir de leurs crimes? Il y a eu mesme de bons garnemens qui ont soustenu ce paradoxe, qu'il estoit plus honneste d'estre pendu que decapité, d'autant que l'on faisoit grand tort à vn corps de le diuiser & de lui oster sa principalle partie, au lieu que les pendus demeuroient en leur entier, & que leur supplice estoit comme vn ieu & vn brandillement, au spectacle duquel plusieurs prenoient plaisir; & qu'aprés le corps demeuroit pendu galammét d'vne corde mignonne à vne potence, où il estoit attaché comme vn fruict à l'arbre. I'ay peur neantmoins que ceux qui ont vne telle croyance

ne la declarent de bonne heure pour
sauuer leur reputation, n'ayant point
vne meilleure attente que de passer
par le pendant. Laissons les dans leurs
funestes discours, & contentons nous
de sçauoir que comme Iphis ne s'estoit pendu que par vn desespoir d'A-
mour, si l'on considere la force de
cette passion, il est plus excusable que
ceux qui se pendent pour leur ambition ou leur auarice, tellement que
l'infamie en est dehors pour luy &
pour sa race. L'allegation d'vn Poëte
moderne nous a fait naistre ces considerations, & sur tout nous y auons
appris que ce corps ne fut point bruslé, comme l'ancien Poëte a voulu
persuader que Vertumne l'auoit ra-
porté, ce qui confirme cette autre relation plus veritable que nous auons
veuë, où vne vieille reuendeuse des
plus habilles de sa profession raconta

d'Iphis.

toutes les autres particularitez des auentures d'Iphis, auec vne vrai-semblance indubitable.

CONCLVSION DES *Amours de Vertumne & de Pomone.*

CEtte vieille d'habit & de déguisement de visage, sous laquelle estoit caché l'amoureux Vertumne, fit vne panse apres sa narration, comme pour reprendre haleine, & pour voir par mesme moyen si Pomone n'auroit point enuie de lui dire quelque chose là dessus: Mais pource que sa discretion lui faisoit encore garder le silence, elle reprit ainsi la parole. Ie ne veux pas croire belle Pomone que vo⁹ soiez aussi cruelle que la Nimphe dont i'ay parlé: Il y a bien eu, dit on, quelques Satyres qui sont morts malheureusement, voulans entrer icy en cachettes pour vous faire quelque violence, mais ils n'ont eu que ce qu'ils meritoient pour leurs crimes. Quant aux gens bien faits & de merite, il les faut traitter autrement. Alors Pomone repartit, qu'elle ne croyoit point qu'il y en eust de cette qualité qui eussent du dessein pour elle, & Vertumne n'ayant plus le pouuoir de cacher sa passion sous les habits de vieille, luy dit, hé quoy, ne connoissez vous point le fils de la Nimphe Forge? Vous deuez croire qu'il brusle d'amour pour vous: C'est à vous à penser s'il est digne de vostre alliance; Quant à moy, ie vous asseure qu'il n'est point mal fait de son corps, qu'il est accomply de tous ses membres, & qu'il est homme qui viura auec vous si paisiblement, que de vous deux ne se faisât qu'vn, vous ne penserez point que l'on ait troublé vostre solitude. Si vous aimez à voir cultiuer des arbres, il entend des mieux ce que c'est de les arrouser, de les esmóder, & d'enter en escusson. Si vous ioüez quelquefois du rasteau, il ioüera de la besche, & si vous aimez les pómes, cóment n'auroit-il point la mesme inclination, veu qu'il aime tant les pommes de vostre sein ? En disant cecy, Vertumne fit vn riz de vieille qui sembloit aussi-tost estre vne toux, & au mesme temps sa main s'auança vn peu sur le sein de Pomone auec vn geste assez bouffon, mais Pomone demeurât tousiours dans la honte, eut quelque temps la bouche close, l'ayant cousuë du filet de la modestie auec l'aiguille de discretion, & songeant si cela pouuoit estre que le fils de Forge l'aimast tant comme la vieille l'asseuroit; car elle auoit assez oüy parler de ce ieune Gars que l'on disoit estre si plein de merite, que c'estoit vn joyau pour vne Reyne ou vne Fée. Enfin elle confessa qu'elle auoit bonne opinion de luy, mais qu'elle ne croyoit pas qu'il pensast à vne pauure jardiniere comme elle; Et là dessus Vertumne desirant acheuer son ieu, lui dit vous le pouuez bien croire, puis que c'est luy qui vous l'asseure par sa bouche. Ne dit-on pas communement, qu'il n'est point de meilleur messager que soy-mesme? C'est icy Vertumne qui parle à vous sous la figure d'vne vieille comme vous l'auez pû voir autrefois sous la figure d'vn Marchand, d'vn Vieilleux, d'vn Iardinier, & d'vne ieune seruante; il veut bien maintenant paroistre ce qu'il est;

En disant cela il quitta les grimasses de vieille qu'il auoit faites auparauāt, de sorte que Pomone reconneut le visage qu'elle auoit commencé d'aimer, le prenant pour celui d'vne fille. Il vouloit mesme quiter les beaux atours qui le deguisoient, mais Pomone le pria de n'en rien faire, de peur que si l'on trouuoit vn homme auec elle qui estoit venu là en secret, cela ne ternist son honneur. Elle fut surprise d'estonnement comme aussi d'affection pour celui qui s'estoit dōné tant de peine pour elle, & quittāt soudain son humeur reuesche, elle le conjura de s'en retourner comme il estoit venu, auec asseurance qu'il seroit bien mieux receu vne autrefois sous ses propres habits, & que l'on le feroit entrer par la grande porte. Depuis il se fit vne assemblee de leurs parens, où leur mariage fut conclud,

& quand Pomone vid son Amant dans sa vraye forme, elle fut rauie d'aise d'auoir vn si beau mary. L'on ne sçauroit dire combien il lui seruit à rendre son jardin plus fertile qu'auparauant, & mesme l'on parla de lui bien tost par toute la Neustrie; car au lieu que l'on auoit accoustumé seulement de mascher les pommes, ou de les escacher auec vn maillet pour en faire tomber le ius dans vne tasse, & mesme de les cogner seulement contre le coude pour les succer apres, lui qui auoit appris à faire toute sorte de machines selon les memoires de sa mere la Nimphe Forge, il inuenta le pressoüer où l'on fit vn breuuage auec des pommes, qui valoit autant que le vin des autres contrees. Il n'y auoit que luy au commencement qui en eust, tellement qu'il gagnoit ce qu'il vouloit, mais

enfin

enfin il donna son secret liberalemēt à plusieurs de sa Prouince, ce qui fut cause qu'estant placé au nombre des inuenteurs des choses vtiles à la vie humaine, il fut mis par consequēt au rang des Dieux, & Pomone fut faite aussi la Deesse des Pommiers à cause du grand soin qu'elle auoit eu de les faire prosperer. Leur pouuoir fut si grand depuis, qu'vn certain Tantale, vn tres meschant pendart, leur ayant desrobé vn baril de cidre, & quelques pommes de leur iardin, fut condamné aux Enfers à estre attaché dans l'eau iusqu'au menton auec vn pommier chargé de pommes au dessus de sa teste, sans qu'il pust ny boire ny manger, quoy qu'il se haussast ou baissast, pource que les branches qui lui pendoient sur le nez se redressoient incontinent lors qu'il les vouloit attraper auec les dents, &

Ee

lors qu'il se baissoit pour boire, l'eau se baissoit encore dauantage. Que si l'on a dit qu'il auoit receu cette punition pour auoir donné le corps de son fils à manger aux Dieux, cela n'a point tant d'apparence que le crime d'vn larcin de pommes, veu qu'il est puny par ce fruict, & que celuy qui s'estoit enyuré de cidre n'a pas seulement la permission de boire de l'eau, afin que le supplice esgalle le forfait. Ainsi nous vous apprenons en ce lieu des veritez historiques, au lieu que ce que les Poëtes ont raconté porte iustement le nom de Fable. Toutes les transformations de Vertumne que nous auons descrites ont esté si naturelles, que vous seriez bien incredules, Lecteurs, si vous en doutiez, puis qu'elles sont toutes dans la possibilité. Quelques regratteurs de Latin ont dit qu'il estoit appellé, *Vertumnus*, à *Vertendo*, & mesme que c'estoit, *Quasi se Vertens in omnia*. Cela peut estre accordé, d'autant qu'en effet il se tournoit en telle forme & posture qu'il vouloit; mais l'on peut croire aussi qu'il a esté appellé de cette façõ, d'aurât que, *Vertebat omnia*, & pource qu'il auoit appris de sa mere à faire tourner toute sorte de moulins & autres machines, & qu'il auoit trouué l'inuention de faire tourner les viz de pressoüer, qui seruent à faire du cidre aussi bien qu'à faire du vin. Que s'il nous est encore permis de parler icy de sa mere Forge, l'on peut dire qu'outre les opinions que nous en auons estallees, il en faut considerer vne fort importante que l'on y adiouste, & à laquelle seule l'on se peut arrester, si l'on veut, tellement que ce seroit vne faute irreparable si l'on l'auoit oubliee; C'est que plusieurs croyent que les pleurs ne suffisoient pas pour la changer en fontaine, mais que s'estant échauffé le foye, & alteré le poulmon à ses forges, elle auoit beu si excessiuement, qu'elle fut apres trois iours & trois nuicts à ne faire que pisser, & ayant beu derechef elle pissa encore, iusqu'à ce qu'ayant fait cela plusieurs fois sans esteindre son ardeur, elle s'enferma sous terre en vn endroit, dans lequel s'estant couchee à la renuerse, elle ouurit le gosier bien grand pour receuoir les eaux qui tomboient d'vne voute, où les vapeurs souterraines s'estans rendues se condensoiét ainsi, & ne faisant que passer dans son estomach qui estoit leur premier receptacle, elle les rendoit apres continuellement par embas sans se vuider, pource qu'elle se remplissoit tousiours, & cela alloit couler iusques sur terre à l'ouuerture de sa source, où depuis cela s'est tousiours fait ainsi, tellement qu'en sa memoire, & pour remarque de ce qu'elle ne fait autre chose que boire & pisser, tous ceux qui viennent là en font de mesme; Et en effet ils connoissent bien que l'eau qu'ils boiuent n'est rien que le pissat de la Nymphe Forge, puis qu'elle sent le fer à cause des exhalaisons metalliques qui se sont meslees parmy les vapeurs dont s'est formee cette eau, & il n'y a aucun Medecin Naturaliste ou Philosophe qui ose dire le contraire.

Celuy qui a trouué de si belles raisons, a tiré l'eschelle apres luy lors qu'il a monté sur la plus haute terrasse du sejour des Muses; C'est le grand Auteur des Metamorphoses reformées, dôt l'on a ici fait vn extraict, lequel s'il reüssit aussi bien en toutes ses autres entreprises, il sera plus couvert de lauriers qu'vn jambon de Mayence : Mais c'est là aussi toute la recompense qu'il en doit esperer, si la pluspart de ceux qui sont maintenant au Monde ne se soucient pas de la peine qu'vn Courtisan des Muses prend à desterrer les monumens anciens, pource qu'ils veulent que l'on s'enrheume seulement à chanter leurs loüanges ; Ils peuuent pourtant bien aller chercher d'autre chantre que celui là : Il lui semble qu'il a la pepie lors qu'vn mauuais rencôtre l'oblige à entonner vn air nouueau pour la gloire de telles gens. Que si pour le mespriser ils pensent dire que tous ses entretiens ne sont que sornettes, qu'ils considerent leurs actions qui ne sont peut-estre pas de plus grande importance, & si les Critiques luy obiectent que promettant de traiter vn sujet comique, il l'a rendu tragique par le funeste trespas d'Iphis, que ces Controolleurs en tiltre d'office considerent qu'il y a si long-temps qu'Iphis se pendit, que les plus grãds pleurs en ont esté iettez, & que les regrets de ceux qui y ont eu interest ont esté pieça acheuez sur la consolation qu'ils ont receuë en recueillant sa succession, & qu'en quelque part que soit son ame ou son ombre, elles n'en sont plus fachees elles mesmes; c'est pourquoy ce recit ne sçauroit troubler nos ioyeusetez. Que si l'on dit dauantage que ce n'est pas pour acquerir grand honneur de s'amuser à se gogayer ainsi dans le recit des follies antiques, sçachez Lecteurs, qu'vn pauure Poëte ou Auteur qui à peine a dequoy mettre sous sa dent, n'a pas moyen de donner des gages à des bouffons pour le resioüir, comme

E e iiij

font les gros Messieurs, de sorte que s'il veut auoir vn peu de contentement pour adoucir les fatigues de la vie, il est obligé de se chatoüiller luy mesme pour se faire rire.

DIALOGVE DES YEVX ET DE LA BOVCHE.

LES YEVX.

VN Amant qui vient de passer par icy a bien témoigné quelle est la force de nostre Empire. A toutes les fois qu'il s'est presenté à nous, il a esté blessé de nos traits; & peut-estre esperoit-il d'y trouuer quelque remede par l'oubliance & l'esloignement; mais c'est à ce coup qu'il faut rendre les armes: Il n'a plus de deffense qui vaille; Il s'en va auec le traict qu'il porte dans le cœur plus en peine & en soucy que n'est le cerf qui a receu vn coup de fleche, & qui cherche en vain le dictame pour se guerir en vn lieu où il n'en croist point. Que nous sommes glorieux de cette victoire, & de mille autres qui augmentent nos trophees! En tous les lieux où nous paroissons, tout s'assuiettit à nos Loix; Nous allons estre les Roys absolus de la terre, & l'on ne pourra viure sans estre de nos esclaues ou de nos subiets; car il y a diuers degrez de sousmission, & ceux qui refuseront de se ranger aux vns ou aux autres, en seront punis seuerement, receuant des blessures plus dāgereuses que les premieres, dont la seule mort les pourra guérir.

LA BOUCHE.

D'où vient ce nouuel orgueil? mes freres; Quelle ambition extraordinaire vous porte à la tyrannie? Est-ce obseruer l'ordonnance celeste de vouloir commander absolument tous seuls à mon exclusion, moy qui ay receu autant de merite & de pouuoir que vous? Soit que Promethee nous ait formez, ou quelque autre des Dieux, ne nous a-t'il pas esté enioint de viure en bonne intelligence, & de ne rien entreprendre l'vn sur l'autre? Quoy sous ombre d'vn petit trait qui a esté receu par hazard de quelque ieune estourdy, vous entrez en opinion de vouloir subiuguer tout le Monde, & de n'auoir besoin en cela d'autre force que de la vostre? Croyez que i'ay autant de pouuoir que vous, & que si les vœux de voſtre nouuel Eſclaue ne s'adreſſent qu'à vous ſeuls, c'eſt qu'il ne m'a pas encore conſideree.

LES YEVX.

Auſſi faut-il prendre garde à nous principalement, & malgré que l'on en ait l'on y eſt attiré à cauſe de l'eſclat que nous iettons, lequel ſe fait remarquer des plus inſenſibles. L'on nous compare auſſi aux diamans qui brillent plus que toutes les autres pierres precieuſes, ou aux deux freres jumeaux, & meſme au Soleil.

LA BOVCHE.

Si vous auez l'eſclat des diamans, i'ay celuy des rubis, & tenons nous ie vous prie à ces comparaiſons, qui ſont aſſez auantageuſes pour nous. Vous vous meſcomptez en vous cóparant au Soleil ou aux eſtoiles: Vous ne brillez pas d'vn tel feu que l'on en ſoit eſclairé dans les lieux où

& de la Bouche.

Il n'y a ny chandelle ny autre lumiere, & vous ne verriez pas clair vous mesme sans le secours d'autruy.

LES YEVX.

Quelque chose que vous puissiez inuenter là dessus pour nous mespriser, si est-ce que nous sommes vos guides, & vous nous en estes redeuables. Tout le reste du corps auquel nous sommes attachez en reçoit de l'vtilité, & pour monstrer encore vne marque de cette souueraineté que vous nous voulez disputer, nous sommes assis au dessus de vous comme dans le trosne qui appartient à deux puissans Roys.

LA BOVCHE.

A quoy pensez vous, de dire cela, puis que le front & les cheueux qui sont deux aimables parties sont encore au dessus de vous? Puis que mesme vous adioustez foy à tout ce que disent les Amans, il vous faut conuaincre par leurs paroles; Il est certain que plusieurs voyans le front poly comme yuoire, & borné de ces deux arcs d'ebeine que l'on appelle des sourcils ont pris cela pour le Trosne de l'Amour; & quant aux cheueux ils les ont estimez des filets à prendre les cœurs, & des chaisnes à les retenir. Ils ont aussi conté merueilles de la beauté des ioües, dont ils ont creu que le teint surmontoit la couleur des roses & des lys, & le menton qui est placé au dessous de moy n'a pas manqué d'auoir ses loüanges. Voylà donc quantité de belles parties qui plaisent aux yeux des hommes, & qui aident à conseruer l'autorité que nous auons dessus eux. Que si vous montez à cette ambition de vous dire souuerains, ie ne pense pas de vray qu'elles soient capables de s'attribuer vn mesme honneur, mais au moins elles m'assisteront toutes pour vous empescher de paruenir à vostre violent dessein. Il est certain qu'il n'y a que vous & moy qui puissions auec quelque raison conceuoir de si hautes pensees que d'aspirer à vn Empire absolu. Comme la pluspart du temps l'on ne considere que nous, l'on n'estime point aussi autre chose. Quant tout ce qui nous accompagne est caché d'vn masque, nous ne laissons pas de parestre estans d'vne si libre condition que nous ne sçaurions souffrir d'estre enfermez ; Cependant c'est alors que nous presentant en public, nous faisons le plus de conquestes, & vous ne sçauriez nier que si vous acquerez quelques Amans, ie n'en aye pour le moins autant à ma part.

LES YEVX.

Cela ne se peut faire, car ie vous

maintiens encore que mon escla[p]
s'apperçoit le premier, & est auss[i]
apperceu par plus de gens, dont il [y]
en a beaucoup qui s'en vont là dess[us]
n'estans que trop blessez, & ne s'ar[?]
restent point à vous regarder.

LA BOVCHE.

Ie vous ay desia repris de ce qu[e]
vous pensez auoir tant de lumiere. I[e]
m'imagine que vous croyez aussi ietter quelques rayons au dehors; mai[s]
quand cela feroit encore, n'iroient-
ils pas plus loin que les traits que i[e]
lance, & prenez bien garde à ce que
ie veux dire, car ie n'enten pas seulement l'esclat de ma rougeur, mais les
traits qui sortent de moy auec force,
comme s'ils estoient décochez d'vn
arc, & en effet i'en ay aussi la forme.
Ce sont mes paroles qui charment
quelquefois par leur douceur, estonnent par leurs menasses, attirent par
leurs

promesses, & qui quoy qu'elles fassent, gagnent tousiours quelque empire sur les ames, & font connoistre qu'il n'y a rien de plus esleué qu'elles, puis qu'elles sont filles de la Raison & de l'Intelligence.

LES YEVX.

Vostre deffense auroit quelque pouuoir si nous n'estions pas pourueus de la parole comme vous.

LA BOVCHE.

I'auouë que maintenant vous me faites entendre ce que vous pensez, mais c'est par vne mutuelle correspondance, & par l'entremise de l'ame qui nous est commune, laquelle fait que nous auons ensemble tout cet entretien. Vous seriez fort empeschez à parler d'vne autre sorte, specialemét auec les persónes de dehors.

LES YEVX.

Que vous estes abusee en cecy, veu

que nostre principal office est de parler. L'on n'entend dire autre chose sinon, *ie parle des yeux*, & ce langage est si ordinaire parmy les hommes, que le langage dont vous vous seruez l'est beaucoup moins.

LA BOVCHE.

Les Amans sont pourtant rauis quand leur bouche s'ouure pour se communiquer leurs pensé amoureuses.

LES YEVX.

Il arriue le plus souuent des occasions où ils ne peuuent pas faire ce que vous dites, & n'osant se seruir de vous, ils ont recours à nous. Or s'ils n'osent vous employer, c'est qu'il y a du crime en cela, & que nostre discours est moins coupable.

LA BOVCHE.

Si vous dites la mesme chose que moy vous n'estes pas plus innocens

Mais quoy qu'il en soit, ie nie encore que vous ayez l'vsage de la parole, & si l'on vous l'attribuë, ce n'est que par figure.

LES YEVX.

L'on nous l'attribuë reellement, & nous l'auons aussi. Vous ne sçauriez nier que nous ne fassions connoistre beaucoup de secrettes pensees.

LA BOVCHE.

Vous n'en faites connoistre qu'vne partie, & vous y laissez tant d'ambiguité que cela seroit tousiors, obscurs i ien'y donnois de l'esclaircissement.

LES YEVX.

C'est parler comme le vulgaire d'auoir des paroles si faciles à entendre; Les Oracles des Dieux sont tousiours obscurs.

LA BOVCHE.

Il faut donc qu'ils soient apres ex-

Ff ij

pliquez de la bouche de leurs Preſtres, & enfin vous trouuerez que ie ſuis toufiours neceſſaire. Ceux que l'on eſtime les plus ſçauans dans le Monde, & qui ont le plus de pouuoir de gouuerner la multitude, ce ſont ceux qui parlent le mieux; & ils n'ont pas acquis le nom d'Orateurs pour parler des yeux ſeulement, mais pour s'eſtre ſeruis adroitemét de leur bouche. Enfin ie ne ſuis pas moins neceſſaire dans la police generalle des hómes, que dans les intrigues de l'amour; & pour vous monſtrer qu'outre le langage i'ay vne autre qualité qui me fait eſtimer grandement, ne vous puis-ie pas repreſenter icy encore que ie ſuis le plus doux organe de l'vnion des ames, & le témoignage ſenſible de ce qui ſe fait ſpirituellement? Ie veux dire que ie ſuis employee aux Baiſers qui ſont les aſſeurances de l'Amour & de l'amitié, & aucune autre partie ne s'y trouue propre comme moy, car si vn œil en touche vn autre, & vne main sa semblable, ce n'est point veritablemét vn baiser. Pour composer vn baiser veritable il faut que i'y interuienne; Et afin que l'on connoisse combien le baiser est aimable estant diuisée en deux parties cóme ie suis, il séble que ce soit seulement afin que mes levres se baisét, & que ne faisant presque iamais autre chose que baiser, à me considerer aussi toute entiere ie ne sois prise que pour vn Baiser.

LES YEVX.

Si vos levres se baisoient tousiours, vous ne parleriez iamais, & quand vous baisez aussi quelque chose vous ne sçauriez parler, de sorte que vous perdez vn auantage pour l'autre. Au reste comme vous vous baisez vous mesmes, vous n'estes pas si orgueilleuse que vous ne baisiez aussi quelque autre chose ; vous baisez des ioües & des mains, & bien souuent des yeux.

LA BOVCHE.

Vous ne dites pas que ie pren plaisir sur toute chose à baiser vne bouche qui me ressemble, & que c'est là où i'establis mon souuerain bien, la correspondance ne se trouuant point si parfaitement ailleurs : Aussi entre toutes les beautez que l'on estime dans vn visage, il n'y en a point qui ayent plus de douceur que celles dont ie suis pourueuë.

LES YEVX.

Vous estes fort presomptueuse de parler ainsi à vostre loüange. Vos beautez n'esgallent point les nostres, & ne sçauroient iamais auoir tant d'effet. D'ailleurs vous ne pouuez rien apprendre de ce que vous estes, que par le rapport que nous en faisons. C'est par nous que tout est veu: Cette puissance vaut bien la vostre. Si vous faites tant d'estat de vostre parole, vous ne sçauriez rien non plus qui soit en estime que ce que nous auons obserué. Vous racontez quelquefois ce que les oreilles vous ont appris, mais la creance que l'on y preste n'est point esgalle à celle que l'on donne librement à des tesmoins oculaires.

LA BOVCHE.

I'auouë que ce que vous me dites me fait penser à des choses que ie n'auois pas assez considerees, si bien que pourueu que vous n'vsurpiez point vn Empire absolu dessus moy, ie suis preste à viure tousiours en bonne intelligence auecque vous.

Les Yeux & la Bouche d'vne Nymphe des plus belles que nous ayons en cette contree, firent vn iour ce Dialogue ensemble, & en effet suiuant leur derniere resolution ils sont demeurez tousiours depuis en assez bonne intelligence ; Ce que la Bouche dit, les Yeux semblent l'asseurer, & souuent l'on croit qu'ils en ratifient les promesses ; mais il n'y a que le cœur qui la pluspart du temps n'est pas d'accord auec eux ; & le malheur est qu'il est caché en vn lieu secret où l'on ne descouure point ses fourbes. Pernicieuse maxime, pour vne personne qui doit estre dans vne estime generalle, de vouloir estre assortie de plusieurs pieces differentes

DISCOVRS ACADEMIQVE
contre la melancholie.

VOVLEZ vous sçauoir en quoy la gayeté est preferable à la melancholie, ne faites que regarder le visage de l'homme gay & du triste, & vous y verrez des differences qui vous mettront bien-tost hors de peine, & qui vuideront la question sans qu'il soit beaucoup besoin de discours. Celuy qui est triste & melancholique est tousiours morne & pésif; Il a le teit pasle & les yeux languissans, & il semble tousiours que l'on vient de porter en terre ses meilleurs amis, ou qu'il pleure la perte de tous ses biens; Au contraire celuy qui a l'humeur gaye a le teint frais, vermeil & riant, & l'on doit croire que tous les momens de sa vie sont autant de nouuelles felicitez. Si naturellement l'on peut s'attrister de toutes choses, la mesme Nature n'estant point marastre aux hommes leur a aussi donné le pouuoir de s'en resioüir, de sorte que s'ils ne le font point la faute n'en doit estre imputree qu'à eux mesmes. Quelques resveurs de Philosophes ont esté si abusez de dire que rien n'estoit si naturel à l'homme que la Tristesse, & que cela procedoit de ce que Promethee ayant amassé de la poussiere pour façonner ce beau chef-d'œuure, l'auoit destrempee auec des larmes. Mais de quelle fable nous veulent-ils entretenir ? Puis qu'ils supposent que la Terre estoit alors, il y a aparence qu'elle estoit desia accompagnee de ruisseaux & de riuieres, & qu'il ne falloit point aller chercher de l'eau ailleurs? Pour monstrer qu'en cet ouurage l'on se peut seruir d'autre liqueur que de celle des fontaines & riuieres, n'alleguera-t'on pas qu'il y a eu des gens cruels de qui l'on disoit que c'estoit du mortier destrempé auec du sang? Quãd l'on void la trogne enluminee de tant d'illustres desbauchez, ne faut il pas croire aussi qu'ils sont composez d'vne terre fine destrempee auec du vin? Cela est vray; mais il n'y a donc que nos morfondus, nos mal contés, & nos tristes mines, dont l'on puisse dire que les corps ayent esté humectez par les pleurs: Tous les autres hommes n'en sont pas ainsi; Et apres tout, entrons en vne consideration importante. Où est-ce que ce Promethee eust pris tant de larmes? Estoit-ce des siennes, & de celles de tous les Dieux? Est-il possible qu'ils pleurassent tant alors? Quel sujet en pouuoient-ils auoir estans si à leurs aises comme ils estoient? Si l'on dit qu'ils s'afligeoient de ce qu'il auoit formé vn animal sujet à tant d'infirmitez, ne peut-on pas dire aussi qu'ils se resioüissoient de ce qu'en eschange l'homme deuoit estre capable de tant de beaux dons de la Nature, & qu'ils en pleuroient de joye? Mais c'est se tromper de leur attribuer l'vne ou l'autre de ces passions, puis que les Dieux ont trop de constance pour estre esmeus de toutes sortes d'accidens à la maniere des hommes. Nos Moralistes continuent de dire que les hommes viennent au monde en pleurant, & que cela fait voir combien la tristesse leur est naturelle, mais nous deuons nous representer que si l'enfant pleure & crie au sortir du ventre de la Mere, la vraye raison en est que sortant d'vn lieu chaud, il luy est estrange de sentir vn air froid auquel il n'est pas accoustumé, & de sentir aussi des mains & des linges, n'ayant esté touché auparauant que de ce qui luy seruoit de closture naturelle. C'est parler veritablement en Medecin & Physicien de dire cecy, & ces raisons sont trop sçauantes pour ceux à qui nous auons affaire maintenant, nous les pouuons satisfaire en mesme monnoye que celle dont ils nous veulent payer, c'est assauoir en imaginations & en fables, leur proposant que si les enfans pleurent lors qu'ils viennent au Monde, c'est qu'ils s'affligent seulement de n'y estre pas venus plustost. Pourquoy

deuroiét-ils s'attrifter d'auoir la naif-
fance, & de viure, veu qu'il n'y a rien
de meilleur que l'eftre & la vie, & que
les Doctes tiennent que la pire condition des chofes qui ont l'eftre, vaut
mieux que de n'eftre point? Qu'eft-il
à propos mefme de fe reigler fur ce
que font des enfans qui ne iouïffans
point encore de la raifon ne font rien
par choix & par iugement? Confi-
derons pluftoft leurs actions lors
qu'ils font en vn âge plus efleué.
Nous verrons qu'ils ne demandent
qu'à iouër & à fe diuertir, & qu'ils
fuyent la triftefse comme leur enne-
mie principalle. La gayeté leur eft
auffi plus naturelle, & entre ceux qui
courtifent les Scienes il y en a affez
qui donnant la definition de l'homme, ont dit que c'eftoit vn animal ri-
fible. En effet le rire lui eft fi propre
& fi particulier, qu'il n'y a aucun de

tous les autres animaux qui rie comme luy. Pour ce qui est de pleurer, l'on dit que les crocodiles pleurent; les cerfs pleurent aussi, & quelques autres bestes: mais en ce qui est de rire, c'est vn des appennages de la Raison: Il n'y a que les hommes qui rient. Estre risible, c'est estre raisonnable, & estre raisonnable, c'est estre risible. Les diuers sujets de rire ne sçauroient estre cognus que par vne ame pourueuë d'intelligence & de iugement, & si les ames brutales sont pourtát capables de gouster quelque ioye, c'est dans vn degré inferieur qui ne les esmeut point si agreablement, & d'ailleurs elles n'ont point les organes disposez à l'exterieur pour tesmoigner de telles esmotions que le rire: Au contraire le visage delicat des hommes est si propre à cela, que la moindre marque qui y paroist fait connoistre leur ioye. Combien plus se void elle, lors que leur riz esclatte en leur bouche, & par sympathie excite à rire les plus serieux? Les belles Dames se contentent d'vn souris qui nous touche de ioye & d'amour; Leurs yeux esclattent alors d'vn feu plus pur que celuy des estoilles; Il se fait de petits trous à leurs iouës où les Poëtes diront que l'enfant de Venus peut aller faire son nid ayant des aisles comme les oyseaux, & qu'il sera là couché entre les lys & les roses. Que si dãs la veheméce du ris les plus modestes filles ne sçauroient empescher que leur bouche ne s'ouure, l'on y trouuera tous les tresors de l'Orient, & au delà des barrieres de corail l'on verra deux rangs de perles fines. En voyant cela peut-on condamner le Ris qui descouure de si belles choses, & ne doit-on pas faire beaucoup d'honneur à la gayeté qui le produit. Les melancholiques nous souſtiennent encore que l'on eſt plus enclin à pleurer qu'à rire, ou tout au moins autant à l'vn qu'à l'autre; Nous ne leur ſçaurions auoüer cecy auec juſtice; Il eſt bien vray que l'on peut eſtre propre à tous les deux, mais il ne ſe faut adõner qu'au plus agreable & au plus vtile; Et pour vous monſtrer comme ç'a eſté l'intention de la Nature de nous porter à la gayeté, conſiderez vn peu comme toutes choſes y contribuent. La face du Ciel & de la Terre ne ſont ils pas des objets fort delectables? Le Soleil ne donne-t'il pas de la gayeté à tous les deux Hemiſpheres, & n'en chaſſe t'il pas la melancholie auſſi puiſſamment cõme il en diſſipe les nuages? Les eſtoilles ne ſemblent elles pas rire en brillant? Quelques Poëtes n'ont-ils pas dit mesme que les prez & les ruisseaux rient? En effet leur esmail qui esclatte à la veuë, & le bruit agreable des eaux ont autant de force que le Riz, la diuersité des arbres, des fleurs, & des fruicts, & celle des animaux resiouïssent encore par leur aspect & par le profit que l'on en peut receuoir. Dans ce consentement vniuersel de chercher ce qui est de plº agreable, si les hommes ont pris le dessein de bastir des maisons les vnes aupres des autres, & d'en cõposer des bourgs & des villes, ce n'a esté que pour s'assister l'vn l'autre par vn mutuel secours, & conseruer d'autant mieux leur ioye naturelle. Comme nulle bonne police n'est sans religion, nous auons veu aussi que les plus sages d'entre les Legislateurs ont ordonné de certaines ceremonies pour le culte des Dieux, & que les iours qui sont

principalement destinez pour s'y a-
donner sont plustost des iours de ioye
que de tristesse, tellement que le nom
de Feste que l'on leur donne a passé
depuis dans l'vsage pour vn iour de
resioüissance. Les honneurs que l'on
rend aux puissances suprêmes sont
donc accompagnez de chants d'alle-
gresses, de musiques d'instrumens,
& de danses; & auec cela l'ornement
des Temples & des ruës, où l'on void
esclatter les tapisseries d'or & de soye,
les grands vases d'or & d'argent, les
festons, les bouquets, & les couronnes de fleurs, sont autant d'auertisse-
mens pour nous exciter à nous resioüir. Si l'on sacrifie des animaux,
ce n'est principalement que des mou-
tons ou des bœufs, & quelques autres
de qui la chair sert de pasture à ceux
qui les ont immolez, & l'on ne void
point que les Dieux ordonnent que

Gg ij

l'on leur sacrifie des lyons, des ours, & des leopards, ny tant d'autres bestes sauuages, qui n'estans pas bonnes à manger sont iugees indignes de leurs autels comme de nos tables. Que si cela se fait de la sorte, c'est pour nous entretenir en bonne humeur, car quel moyen d'estre gay lors que la faim nous presse, & n'est-on pas plus allegre au seruice des Dieux, & au secours de la chose publique, lors que l'on a restauré ses forces par vn bon repas? Si mesme il est question apres cela de combattre les ennemis, ne s'y treuue-t'on pas plus propre qu'auparauant, & ne connoist-on pas que la tristesse est nuisible en cette occasion, & que la parfaite vaillance est tousiours accompagnee de gayeté, ce qui est vn presage de victoire pour donner du courage aux soldats lors qu'ils voyent esclatter cette noble passion sur le visage de leur Capitaine? Dauantage pour monstrer que la ioye n'est point contraire à la raison & aux bonnes mœurs, ceux mesmes qui nous persuadét de nous attrister, ne sçauroient s'empescher de nous inciter d'vn autre costé à chasser toute sorte d'afflictions; car que font nos Philosophes Moraux dans leurs liures, & ceux qui nous preschent de bien viure, sinon de nous exhorter à mespriser tous les accidens du Monde, nous mocquer de la fortune, nous fournir de constance & de magnanimité; & qu'est-ce autre chose cela sinon d'estre tousiours ioyeux? Prenons garde encore à ceux qui sont estimez pour auoir de la sagesse & de la prud'hommie, ne trouuerons nous pas qu'ils ont tousiours le visage content, & que les plus reformez d'entre eux ont d'ordinaire le mot pour rire? Au contraire la melancholie habite chez les ambitieux, chez les auaricieux, les enuieux du bien d'autruy, les perfides, & les assassins, qui se rongét de soucy pour executer leurs pernicieuses entreprises, & à qui leurs fautes horribles estant tousiours presentes, gesnent l'esprit continuellement. Voudrions nous ressembler à ces Monstres qui des-honnorent la Nature? Ne commettons point des crimes si enormes qui offensent la Terre & le Ciel, & ne demeurons point aussi dans vne melancholie, laquelle quand nous serions innocens nous feroit estimer coupables, & de plus nous feroit songer à des meschácetez ausquelles l'on ne s'appliqueroit iamais parmy la gayeté. L'on nous representera icy pour vn fort argument que l'on ne se sçauroit exempter de receuoir de fascheux acidens qui sont autant de sujets de tristesse, mais outre qu'il y a des raisons pour se consoler, nous dirons qu'encore ce seroit estre assez pres du bon chemin, si les personnes sujettes à la melancholie ne s'affligeoient que lors qu'elles en ont du sujet, mais elles preuiennent les maux par la crainte & la deffiance, & les font durer long-temps par vne memoire ennuyeuse. Il se faut garder de leurs mauuaises maximes, quiconque veut viure heureux; Et d'autant qu'ils se plaisent si fort dans leur solitude qu'ils ne l'abandonnent iamais, & qu'ils pleurent tant que leur breuuage n'est que de leurs larmes, ou en est à moitié meslé, c'est vn moyen que nous auons pour les confondre : car n'est-il pas vray qu'ils se plaisent sur toute chose à estre seuls, & à pleurer, & que leurs resveries melácholiques font leurs plus aimables entretiens? Si cela est ils trouuent donc leur contentement quelque part, encore qu'ils asseurent de l'auoir perdu, mais ils s'arrestent sottement à celuy qui est faux, & auroient bien plus de satisfaction de chercher le contentement veritable, que l'on trouue aisément quand on le desire auec affection, & lors que l'on a fait vne resolution absoluë d'estre tousiours ioyeux.

FIN.

www.ingramcontent.com/pod-product-compliance
Lightning Source LLC
Chambersburg PA
CBHW050243230426
43664CB00012B/1815